TIRAMISÙ PERFETTI

La guida passo passo,
facile e divertente

Matteo Bellini,
lo Chefdelbenessere

Dedico questo libro a Te.
Perché se mi stai leggendo non hai paura di metterti in gioco e
hai una passione smisurata per le cose buone e fatte con amore.
In cucina è questo il segreto.
Metterci l'amore.
Sempre.

Sommario

4

INTRODUZIONE

Il tiramisù.

Uno dei dolci più amati e conosciuti nel Mondo.

Così credevo fino a quando, ormai molti anni fa, decisi di approfondire l'argomento scoprendo, invece, che in pochi sanno davvero tutto su questo dessert.

Sono stati scritti moltissimi libri sul tiramisù.

Tanti di questi sono davvero ben realizzati e ricchi di fotografie capaci di far venire l'acquolina in bocca e la voglia di addentare le pagine alla ricerca del suo tipico e cremoso sapore avvolgente.

Purtroppo, però, non saranno le foto o le ricette a permetterti di alzare l'asticella e di preparare i migliori tiramisù che tu abbia mai mangiato.

Come abbiamo visto anche nei miei precedenti libri, infatti, è la conoscenza degli ingredienti e della tecnica a permetterti di fare veramente un salto di qualità e di poter battere più del 90% di chi cucina.

Parlo di chi prepara qualsiasi piatto seguendo meticolosamente sempre le solite ricette. Senza competenze che gli permettano di aggiungere una parte di loro stessi nella preparazione.

Ecco perché ho deciso di scrivere questo libro.

Per poterti dare gli elementi dei quali hai bisogno per fare davvero la differenza.

Ed ecco perché i prossimi sette capitoli saranno dedicati ai sette ingredienti che compongono il tiramisù e che, come vedrai, ti permetteranno di distinguerti da tutti.

Per poter creare, infatti, avrai bisogno di solide conoscenze tecniche.
Non preoccuparti, però.
Sarà un viaggio divertente e motivante. Nulla di noioso e difficile.

Nei prossimi capitoli, infatti, impareremo assieme a realizzare savoiardi, pavesini e molte altre basi.
Parleremo di caffè e di mascarpone.
Vedremo come pastorizzare le uova e come scegliere le migliori.
Capiremo il ruolo dello zucchero all'interno di questo dolce e come poterlo sostituire al meglio e senza imprevisti.
Impareremo a dosare correttamente il cacao.

Tutto questo ci permetterà di dare vita al tiramisù perfetto. E credimi se ti dico che lo sarà davvero!
Ma non è tutto.
Negli ultimi capitoli vedremo assieme, infatti, anche come poter preparare dei tiramisù senza uova o senza lattosio e ti parlerò di alcune interessantissime varianti, dolci e salate, di questo dolce.
Prima di iniziare ci tengo davvero a specificare una cosa.
Di questo ho già parlato molto nei miei due libri precedenti (Hamburge perfetti e Fishburger perfetti) e nei vari canali social, ma è sicuramente meglio ripeterlo.
Nel caso sapessi già come mai non inserisco fotografie nei miei libri puoi passare direttamente al capitolo uno, altrimenti ti chiedo di leggere le prossime righe.
Ci tengo moltissimo, infatti, a spiegare come mai ho deciso di non utilizzare fotografie.

In questo libro (e negli altri miei libri scritti fino ad ora) non sono presenti fotografie o illustrazioni.

Questa è una mia scelta consapevole e non dipende da pigrizia o da mancata volontà di aiutarti o di darti tutte le nozioni delle quali hai bisogno.

Tutt'altro.

Ho deciso, infatti, che tutti i miei manuali saranno completamente descrittivi per ben tre motivi. E tutti questi motivi giocano completamente a tuo vantaggio.

Le fotografie e le illustrazioni ti tolgono la fantasia: pensaci per un istante. Quante volte dopo aver visto un film desideri leggere il libro dal quale è stato tratto e, sfogliandone le pagine non fai altro che rivedere tra le righe i volti degli attori del film?

E, quante volte, sfogliando libri di cucina illustrati hai provato a ricreare il piatto esattamente identico alla foto (ovviamente con pessimi risultati visto che quasi tutte le foto dei libri sono ritoccate o artefatte)?

Il motivo è semplice. Le fotografie ti spingono a "copiare". Questo processo riduce o cancella completamente la tua fantasia e in cucina, ma anche nella vita, senza fantasia non c'è divertimento.

Le fotografie e le illustrazioni sono , troppo spesso, la morte della concentrazione: come saprai, infatti, quando ti capita di aver di fronte a te una meravigliosa fotografia e un testo, il tuo sguardo punta dritto alla foto. La mia volontà è, invece, quella di permetterti di concentrarti completamente sul testo e sulle tecniche che ho racchiuso in questo libro.

Desidero davvero che tu possa, infatti, apprendere il più possibile da ogni singola riga e non voglio che nulla ti distragga dal tuo obbiettivo.

Le fotografie e le illustrazioni ti condizionano e limitano la tua vera essenza nel processo creativo: questo credo sia uno dei punti cruciali di cui tener conto quando ci si avvicina ad un libro senza immagini. Un manuale come questo.

Ogni illustrazione e ogni singola immagine limita il tuo processo creativo.

Le fotografie ti veicolano verso un risultato che non è quello che si trova dentro di te.

Io, al contrario, desidero che tu quel risultato lo faccia fiorire. E, per farlo, le immagini le dovrai trovare nel tuo cuore e nella tua mente. Non in questo libro.

Credimi se ti dico che decidere di inserire illustrazioni e fotografie sarebbe stata la scelta più facile.

Leggendo i miei libri ti renderai conto, infatti, di quanto sia complicato descrivere alcuni passaggi e alcune tecniche in maniera esaustiva senza l'uso delle immagini.

Ma sono certo che il mio sforzo valga la pena. Ti donerà infatti tre capacità fondamentali in cucina: la fantasia, la concentrazione e la possibilità di mettere tutta la tua personalità nell'intero processo creativo.

Io direi di non perdere altro tempo e di iniziare subito questo viaggio nei sapori e nei profumi.

La prima tappa?

I biscotti perfetti!

Che ne dici di prepararli assieme a me?

CAPITOLO 1

I BISCOTTI PERFETTI: SAVOIARDI VS PAVESINI

I biscotti da utilizzare nei tiramisù.
Da sempre, su questo argomento, esistono due scuole di pensiero ben distinte.
Chi utilizza i savoiardi e chi, invece, scegli di usare i pavesini.

Io, per quel che mi riguarda, uso i savoiardi.
Non solo perché la ricetta originale li prevede, ma anche per una serie di motivi legati al mio personale gusto.
Maggior spessore e più alta capacità di inzuppo, diversa consistenza finale, maggior equilibrio sensoriale all'interno della preparazione sono solo alcuni dei motivi.
Non va dimenticato inoltre come, in passato, questo dolce fosse preparato anche in due varianti che non prevedevano l'uso dei biscotti.
Una, più ricca, dov'era il pan di spagna a sostituirli e una, più popolare tra le famiglie meno abbienti, nella quale si utilizzava la mollica di pane raffermo imbevuta nel caffè.
Caffè che per alcuni, nei periodi più poveri e duri, poteva essere addirittura sostituito da un decotto di cicoria (chiamato caffè di cicoria, appunto).
Questo particolare succedaneo del caffè lo vedremo assieme, nello specifico, nel prossimo capitolo.

Ora, però, stiamo parlando di biscotti e, qualsiasi sia la tua preferenza voglio darti la possibilità di poter realizzare in casa sia i savoiardi che i pavesini.

Come abbiamo detto nel precedente capitolo, infatti, è l'utilizzo (e la scelta qualitativa) dei sette ingredienti che lo compongono a fare davvero la differenza tra un tiramisù qualsiasi e un tiramisù perfetto.

I biscotti, quindi, li dovrai preparare in casa. Con ingredienti di qualità. Con passione e amore.

Troppo facile (e poco soddisfacente), infatti, utilizzare biscotti acquistati già pronti.

Se proprio non avrai modo di metterti lì a preparare in casa i savoiardi, o i pavesini nel caso le tue preferenze ricadessero su di loro, cerca di acquistarne di artigianali.

Preparati nel forno vicino a casa tua, ad esempio, o in qualche pasticceria locale.

Come vedrai fra pochissimo, però, le ricette per realizzarli in casa sono veloci e non troppo difficili.

Non indugiare, quindi, e prepara con le tue mani i migliori savoiardi (e pavesini) che tu abbia mai mangiato.

Solo in questo modo, infatti, il tiramisù sarà davvero perfetto e completamente realizzato da te.

Che ne dici? Impastiamo?

1.1 I SAVOIARDI FATTI IN CASA

Ingredienti:
130 g di tuorli;
60 g di zucchero semolato;
1/2 bacca di vaniglia;
La buccia di 1/2 limone grattugiata;
240 g di albume;
50 g di zucchero semolato;
80 g di farina 00 per dolci;
80 g di fecola di patate;
1 pizzico di sale;
Zucchero a velo q.b.

Procedimento:
Riscalda il forno statico a 220°C.
Monta in planetaria i tuorli, la prima parte dello zucchero (ovvero i 60 g), i semini della vaniglia e la buccia di limone per circa 12-15 minuti a media velocità.

Contemporaneamente monta l'albume con lo zucchero rimasto (ovvero i 50 g) e il pizzico di sale.
Incorpora un terzo di albumi nei tuorli poi un terzo di farina miscelata con la fecola, mescola bene e ripeti l'operazione per due volte, fino ad ultimare gli ingredienti.

Modella con il sac à poche con una bocchetta liscia dei bastoncini di circa 10 cm. Ovviamente su teglia da forno rivestita con carta da forno o con un apposito tappetino in silicone. Spolvera con zucchero a velo.
Abbassa il forno a 200°C e inforna i savoiardi per circa 12 minuti.

1.2 I PAVESINI FATTI IN CASA

Ingredienti:
150 g di farina 00 per dolci;
30 g di maizena (amido di mais);
150 g di uova;
1/2 bacca di vaniglia;
1 pizzico di sale;
Zucchero semolato q.b.

Procedimento:
Riscalda il forno statico a 200°C.
Inizia montando a lungo le uova con lo zucchero e il pizzico di sale (devono diventare belle spumose). Aggiungi la farina e l'amido di mais setacciati e i semini della bacca di vaniglia.
Mescola per amalgamare il tutto, molto delicatamente, per non sgonfiare il composto.

Prendi una sac à poche con una bocchetta non troppo larga e riempila con il composto. Rivesti una placca da forno con carta idonea o con un apposito tappetino in silicone e inizia a formare i pavesini.
Ricorda che hanno una forma piuttosto stretta e lunga e che vanno disposti nella teglia tenendoli un po' distanziati perché tendono a crescere in cottura.
Metti la teglia con i biscotti in frigorifero per 15/20 minuti a raffreddare prima di infornarli.

Passati i minuti di riposo, riprendi i biscotti e spolverizzali con lo zucchero, quindi inforna in forno statico a 180° per circa 5 minuti, poi abbassa a 150° e continua la cottura fino a che i biscotti non inizieranno a colorarsi. Appena inizieranno a prendere colore togli dal forno e lascia raffreddare su una griglia.

1.3 IL PAN DI SPAGNA (PER CHI VOLESSE PROVARE ANCHE QUESTA VARIANTE!)

Come abbiamo detto, in passato, alcune famiglie preparavano, per tradizione, il tiramisù utilizzando il pan di spagna al posto dei biscotti.
Credo che per poter davvero conoscere questo dolce in tutte le sue meravigliose sfumature sia doveroso provare, almeno una volta, anche questa particolare versione.
Ecco perché ho deciso di darti anche la ricetta del pan di spagna più idoneo a tale scopo.

Esistono, infatti, centinaia di ricette di pan di spagna.
Tutte buonissime. Tutte soffici e particolari. Tutte meritevoli.
Io voglio darti, però, la ricetta che utilizzo solitamente nei miei dolci cremosi.

Ingredienti (per una teglia da 22 cm):
3 uova intere;
4 tuorli;
160 g di zucchero semolato;
70 g di farina 00 con W bassa (per dolci);
95 g di fecola di patate;
La buccia grattugiata di un limone;
1/2 bacca di vaniglia;
1 pizzico di sale.

Procedimento:
Accendi il forno statico a 200°C.
Per prima cosa monta, con l'aiuto di fruste elettriche o della planetaria, a velocità crescente le uova con lo zucchero, la buccia

di limone finemente grattugiata, il pizzico di sale e i semini della vaniglia.

Per velocità crescente intendo che dovrai iniziare a velocità bassa e aumentarla via via che il composto inizierà ad incorporare aria e a prendere consistenza.

Dovrai ottenere un composto molto chiaro, spumoso, molto denso e compatto che quadruplicherà di volume.

Questo passaggio è fondamentale affinché le uova inglobino aria e regalino il volume finale al tuo pan di spagna senza aggiunte di agenti lievitanti.

Successivamente aggiungi, in tre riprese, la farina e la fecola precedentemente setacciate assieme.

Mescola lentamente a mano dal basso verso l'alto, con un lecca pentole o una spatola, al fine di non smontare l'impasto e ottenere un composto spumoso e areato.

Disponi l'impasto in una teglia precedentemente imburrata e ben infarinata

Infine cuoci in forno statico ben caldo abbassandolo a 180° nella parte media per circa 30-35 minuti.

Non aprire il forno durante la cottura.

Il pan di spagna sarà pronto quando si formerà una crosticina dorata in superficie e uno stecchino utilizzato per testarne la cottura risulterà bello asciutto!

Sforna e lascia intiepidire circa 15 minuti nella tortiera.

Una volta che il pan di spagna risulterà tiepido apri la tortiera e lascia raffreddare completamente su una griglia per torte al fine di evitare che si crei umidità e il composto si ammorbidisca troppo.

Dopo averlo lasciato raffreddare completamente lo potrai tagliare a fette dello spessore che preferisci e utilizzarlo al posto dei biscotti per creare la variante "storica" del tiramisù della quale abbiamo parlato ad inizio capitolo.

1.4 IL PANE RAFFERMO (UNA TRADIZIONE DA NON DIMENTICARE)

Ebbene si.

Due parole sul pane raffermo sono doverose.

Prima di tutto perché le tradizioni non vanno mai dimenticate.

Ma, e soprattutto, per il fatto che questo "stratagemma" popolano che permetteva di recuperare il pane vecchio e di non spendere ulteriori monete per l'acquisto di più nobili ingredienti è, comunque, da provare almeno una volta nella vita.

In passato il pane era solamente tagliato a fette e imbevuto nel caffè o in qualche liquido aromatizzante, ma il mio consiglio per ottenere un risultato ancora migliore è quello di tostare per bene le fette prima di utilizzarle.

In questo modo si otterranno due migliorie sensoriali non di poco conto.

La prima è quella della miglior consistenza sia nella fase di inzuppo che di riposo del dolce.

La seconda è l'aggiunta di sfumature di tostato che andranno a supportare il sapore del caffè e a migliorare la struttura dei sapori finali.

Provare per credere!

Molto bene.

Siamo solo al primo capitolo e abbiamo già posto le fondamenta per la realizzazione di un tiramisù davvero indimenticabile.

Ora, però, è doveroso parlare di un altro ingrediente principe da utilizzare all'interno di questo dolce tanto amato.

Ovvero il caffè.

Ti aspetto nel prossimo capitolo, quindi, perché ne vedremo delle belle!

CAPITOLO 2

IL CAFFE'

Il caffè è protagonista delle giornate frenetiche tanto quanto di quelle rilassanti.
Delle frugali pause lavorative e del dolce relax casalingo.
Come bevanda nacque, infatti, praticamente con la stessa filosofia del tè.
Il caffè, sia per le tecnologie moderne con le quali è preparato, sia per il modo in cui si consuma, è vissuto come momento per un intervallo tonificante.

Milioni sono i caffè consumati con rapidità dopo essere stati preparati nei bar per una grande quantità di persone che circolano ogni giorno.
In autostrada, nelle tipiche caffetterie, nei moderni distributori o a casa propria.

Il caffè è in assoluto la bevanda più apprezzata per una pausa.
È un corroborante che toglie la "fiacca" quando fa caldo e rigenera il fisico quando fa freddo. È gradevole e, per molti, sembra indispensabile dopo un piccolo pranzo o per terminare un ricco menù.
Il caffè è un ingrediente gradito anche miscelato, assieme al latte, nelle bevande analcoliche emulsionate e cremose come i frappè. Nei gelati, nei moderni cocktail, negli smoothie al caffè, nelle mousse dei dessert e in raffinati dolci, nella confetteria e nella preparazione di raffinati liquori.

Il consumo del caffè non si limita, però, alla preparazione dell'infuso caldo o freddo, in casa o al bar. Le ricette, sia dolci che salate, che lo utilizzano sono, infatti, centinaia in tutto il mondo.

I primi dati sicuri sull'utilizzo del caffè risalgono all'800, ma è possibile trovare indizi di una misteriosa bevanda nera e amara con virtù eccitanti nelle antiche leggende arabe.
Intorno all'anno 1000 il famoso medico arabo Avicenna somministrava caffè come farmaco.
La storia narra che un pastore Yemenita, intorno al 1400, avendo osservato che appena le capre brucavano delle bacche rossastre diventavano irrequiete ed eccitatissime, volle riferire l'accaduto ad un monaco. Questi, dopo aver portato ad ebollizione le bacche, ne ricavò una bevanda amara ma ricca d'energia tanto da alleviare sonno e stanchezza.

La pianta del caffè nacque in Africa, in una zona dell'Etiopia denominata "Kaffa".
Si diffuse nello Yemen, in Arabia e in Egitto, dove ebbe uno sviluppo enorme ed entrò nel costume popolare come abitudine quotidiana.

Verso la fine del 1500 le prime imprese commerciali diffusero in Europa il caffè, introducendo così anche in Occidente questa nuova bevanda. La somiglianza del nome caffè e degli analoghi termini in altre lingue europee (come ad esempio "café" in francese, "coffee" in inglese) con quello della provincia etiopica del Kaffa, hanno fatto supporre che l'arbusto sia originario di quella zona africana.
Un'altra ipotesi è, invece, quella che la radice etimologica debba essere ricercata nella parola araba "Kàwek", il cui significato sarebbe "eccitante".

La pianta del caffè appartiene alla famiglia delle Rubiacee.

Allo stato naturale raggiunge i sei metri di altezza nella varietà Arabica e i dodici metri di altezza nella varietà robusta.

Nelle piantagioni si mantiene, invece, ad una altezza massima di tre metri per poter facilitare il raccolto.

La vita di queste piante è di circa 50 anni, ma il massimo della produzione si ottiene dai 5 ai 30 anni d'età.

La pianta possiede semi primari che se spezzati non si rinnovano e semi secondari e terziari che danno frutti e si rinnovano. Le foglie sono di un verde brillante nella parte superiore e opache in quella inferiore. Sono lunghe da 10 a 20 cm e terminano a punta.

2.1 LE VARIETA' DEL CAFFE'

Arabica

Tra le specie coltivate, selezionata da moltissimi secoli, la migliore è senza dubbio la Coffea arabica, detta anche più comunemente arabica. Di questa la più rinomata è la varietà "Moka" coltivata sopratutto in Arabia i cui grani piuttosto piccoli hanno un intenso profumo aromatico. Il verde rame è il loro colore caratteristico, mentre la forma è appiattita ed allungata. Altre varietà sono: la "Tipica", la "Bourbon", molto diffuse in Brasile, e la "Maragogype", apprezzata per i grani più grossi che produce. Ha la caratteristica di possedere molte qualità peculiari del caffè: un ampio aroma, un buon bilanciamento degli acidi, un profumo complesso e intenso e soprattutto piccole quantità di caffeina.

Il suo contenuto di caffeina è variabile, da tipo a tipo, da 1,1, a 1,7%.

Le piante di Arabica prosperano in terreni dotati di minerali, specie quelli d'origine vulcanica, situati da oltre i 600 fino ai 2000 metri d'altitudine circa.

Il clima ideale per farla prosperare deve aggirarsi intorno ai 20°C. Le sue caratteristiche la rendono una pianta molto delicata. Teme, infatti, il sole diretto, le gelate e gli sbalzi di temperature repentini.

Robusta e Arabusta

La Coffea robusta rappresenta circa il 25% della produzione mondiale e rispetto all'arabica è di qualità inferiore.

Dotata tuttavia di molto corpo, espande un aroma piuttosto debole e non duraturo, e lascia un sapore astringente e notevolmente amaro. Queste caratteristiche, ovviamente, possono essere utilizzate in miscele per ottenere dei prodotti perfettamente bilanciati.

La pianta cresce ad altitudini variabili, dai 200 ai 400 metri sul livello del mare, dove le condizioni di coltivazione sono ottimali ed è, come dice il nome, molto resistente alle gelate, ai parassiti e alle avversità.

Durante tutto l'anno la fioritura è continua. I suoi grani tondeggianti sono più piccoli, ma più ricchi di caffeina rispetto a quelli dell'Arabica, e, una volta torrefatti, risultano alquanto profumati. Questa varietà, che vegeta anche in pianura, ha avuto fortuna in commercio. Scoperta nel Congo, è ora intensivamente coltivata, perché oltre all'abbondanza di produzione ed al minor costo d'impianto, mostra, appunto, alte caratteristiche di resistenza alle malattie, vegetando anche in condizioni disagiate.

Alcune varietà ricavate da incroci di "Canephora", a cui la Robusta appartiene, sono molto diffuse in Indonesia, Uganda, India e nell'Africa occidentale.

Dall'incrocio tra l'Arabica e la Robusta è stata ricavata "l'Arabusta", pianta con caratteristiche e resistenza intermedie tra le due.

Coffea liberica

La coffea liberica, proveniente dalle foreste della Liberia e dalla Costa d'Avorio, produce frutti e semi grandi quasi il doppio dell'Arabica, ed inoltre più resistenti all'assalto dei parassiti. È una pianta che richiede temperatura elevata e abbondante acqua. I suoi chicchi, sebbene di qualità inferiore, danno un caffè profumato e gradevole.

Coffea excelsa

La coffea Excelsa, è una pianta che resiste bene alla siccità e dona una resa elevata di grani. Il caffè, che se ne ricava, è simile a quello dell'Arabica. Le quattro specie descritte sono le più importanti quanto a redditività delle coltivazioni; esistono tuttavia anche delle specie di minore adattabilità ma interessanti per il loro apporto aromatico.

2.2 I SOSTITUTI DEL CAFFE' (CHE POTRAI UTILIZZARE NEI TUOI TIRAMISÙ)

Per sostituti del caffè si intendono tutta una serie di prodotti che hanno l'obiettivo di sostituire il caffè.

Orzo, caffè solubile, caffè decaffeinato, cicoria e segale sono i più utilizzati.

Infuso d'orzo

Dalle cariossidi tostate e macinate si ricava un caffè dalle proprietà nutrienti e non eccitante. L'orzo rappresenta un'alternativa nobile e salutistica che sta insidiando il trono dell'espresso. Il consumo dell'infuso d'orzo è in grande crescita, con aumenti soprattutto tra le persone ad alto livello scolare nella fascia di età tra 18 e 50 anni e tra le donne sensibili ad uno stile di vita sano.

L'orzo ha infatti proprietà benefiche sull'organismo, favorendo il funzionamento dei processi digestivi e metabolici e prevenendo, così, diverse malattie. Valido aiuto per le persone in sovrappeso che seguono un regime alimentare a basso tenore calorico.

Negli ultimi tempi è sempre più richiesto al bar, l'infuso d'orzo maltizzato; tanto che sono in commercio anche delle compresse adattabili ad essere usate con la macchina del caffè espresso. Si ottiene una bevanda scura non molto profumata che potrà servire come tonificante ma meno gradevole del caffè.

Il caffè solubile

Anni fa si rese solubile il caffè allo scopo di renderlo più pratico, immediato ed economico.

Questa tipologia si impose subito sul mercato mondiale proprio per l'utilizzo in macchine distributrici e per l'utilizzo in cucina e pasticceria.

La produzione del caffè solubile prevede, prima di tutto, la tostatura della miscela e il raffreddamento.

Successivamente si prepara un caffè molto concentrato che dovrà essere ridotto in polvere o in granuli.

La disidratazione può avvenire per essiccamento "spray-dry", ottenendo una polvere finissima posta in scatole di metallo o vasetti di vetro chiusi in modo ermetico, oppure per mezzo della "liofilizzazione", dalla quale si ottengono granuli bruni che mantengono maggiormente le caratteristiche aromatiche. Il caffè solubile assorbe molto facilmente umidità e, proprio per questo, la confezione ricopre un'importanza notevole. La legislazione prevede che l'umidità massima del caffè solubile sia del 4% e che la quantità massima di caffeina nel caffè solubile decaffeinato sia dello 0,3%.

Il caffè decaffeinato

Si cominciò a commercializzare il caffè senza caffeina all'inizio del secolo (più precisamente nel 1906).

Inizialmente il processo di estrazione della caffeina non dette un risultato perfetto come quello raggiunto dalla tecnica moderna, ma con il passare del tempo vennero raggiunti ottimi compromessi.

Il principio, in sostanza, è rimasto invariato. Mediante vapori le cellule del chicco si aprono. Un trattamento successivo con particolari solventi estrae quasi completamente la caffeina senza sottrarre al caffè le altre sostanze aromatiche. Il caffè decaffeinato oggi mantiene, in misura di poco inferiore al caffè, gli effetti psicosensoriali che gratificano in modo soddisfacente quelle persone che per ragioni di salute non possono bere il caffè comune e non vogliono ricorre a surrogati di questa piacevole e tonificante bevanda.

Una tazzina di caffè può contenere da 80 a 150 mg di caffeina, mentre una tazzina di decaffeinato non supera in genere i 15-20 mg.

Infuso di cicoria

Il caffè di cicoria agli inizi del diciannovesimo secolo era il più usato dai contadini insieme a quello d'orzo.

Viene ricavato dalle radici della pianta di cicoria che si trova in genere lungo i bordi dei campi ed accumula un composto dell'amido che poi si trasforma in zucchero.

Infuso di segale

Questo tipo di caffè è amato da chi ne apprezza l'elevato sentore amaro.

Non tutti sanno che il procedimento di maltatura è molto simile a quello dell'orzo e che in Germania viene venduto e commercializzato con un nome particolare, e cioè Roggenmalzkaffee (ovvero caffè di malto di segale).

Come preparare il caffè

Ancora oggi sono molti i sistemi per preparare il caffè.

I più conosciuti sono il sistema turco, il caffè bollito, l'infusione a filtri, l'infusione a pressione e ad idrocompressione.

Per fare un buon caffè è importante tener presente le seguenti regole generali

- Utilizzare miscele di caffè di buona qualità;
- Evitare ossidazioni o contatti con prodotti con odori forti, che potrebbero
- alterarne l'aroma;
- Evitare le alte temperature e l'umidità durante la conservazione;
- Mantenere il contenitore di conservazione sempre ben pulito;
- Macinare poco caffè alla volta, o acquistare confezioni non troppo grandi
- di caffè già macinato;
- Scegliere il grado di macinatura in base al tipo di macchina adoperata;
- Usare acqua leggera e pura;
- Non usare acqua bollita;
- Usare una giusta quantità di caffè.

2.3 COME UTILIZZARE IL CAFFE' (O I SUOI SOSTITUTI) NEI TIRAMISU'

Finalmente, dopo aver parlato di un pò di storia, di varietà e tipologie di caffè, siamo giunti al momento nel quale vedremo assieme come poter utilizzare tutte le nozioni appena acquisite per realizzare tiramisù davvero golosi.

Iniziamo dalla scelta del caffè

Il mio consiglio è quello di utilizzare, possibilmente, una miscela composta da Arabica e Robusta.
In questo modo si avranno dei buonissimi bilanciamenti sensoriali e una piacevole persistenza del sentore di caffè al palato.
Questa miscela, inoltre, si abbinerà perfettamente agli altri ingredienti del tiramisù.

Nel caso volessi, invece, che nel tuo dolce sia percepibile un ampio aroma, un buon bilanciamento degli acidi, un profumo complesso e intenso e soprattutto piccole quantità di caffeina scegli un caffè 100% Arabica.

Se, al contrario, prediligi un aroma piuttosto debole e non duraturo, e un sapore astringente e notevolmente amaro ricco, però, di molto corpo ti dovrai indirizzare su un caffè 100% Robusta.

Non limitarti, però, all'utilizzo del semplice caffè.
Prova anche uno dei suoi sostituti visti poche righe fa. Oppure gioca con gli abbinamenti e prova a unire una varietà di caffè ad un suo sostituto (come, ad esempio, l'infuso di cicoria) per creare dei mix sensoriali capaci davvero di stupire anche i palati più esigenti.

Caffè della moka, espresso o solubile?

Anche in questo caso la scelta dipende dai tuoi gusti personali e dal tempo che avrai a disposizione.
Io, possibilmente, prediligo l'utilizzo di caffè preparato con la moka.
Anche un buon caffè espresso, però, può dare grandi soddisfazioni.
Ovviamente mi riferisco all'utilizzo di più di un caffè espresso per preparare un intero dolce e non di un solo espresso allungato con molta acqua (come fanno, purtroppo, in tanti).
Per quel che riguarda il caffè solubile, nonostante sia utilizzatissimo in pasticceria io preferisco usarlo solamente quando non ho proprio alternative possibili.

Amaro, dolce o "truccato"?

La ricetta originale prevede l'utilizzo di caffè della moka leggermente zuccherato ma, in alcuni casi la scelta di utilizzare caffè completamente amaro può dare buone soddisfazioni.
Il contrasto tra il dolce della crema e l'amaro del caffè è, infatti, molto piacevole.
Anche in questo caso, quindi, la scelta del propendere per un caffè più o meno zuccherato dipende da te e dai gusti dei tuoi commensali ma io ti voglio dare una soluzione capace di rendere felici un pò tutti.
Io, infatti, per i miei tiramisù utilizzo un caffè "truccato" o, per farla più semplice, uno sciroppo al caffè.
Preparo lo sciroppo con acqua, zucchero e liquore al caffè.
Non preoccuparti, però. Con il calore, infatti, la parte alcolica evapora e il liquore serve solamente a rafforzare ulteriormente la parte aromatica del liquido di inzuppo dei biscotti.

Ecco, dunque, la ricetta per lo sciroppo al caffè che preparo io:

Ingredienti:
300 g di caffè moka;
75 g di zucchero semolato;
45 g di liquore al caffè.

Procedimento:
Sciogliere lo zucchero nel caffè caldo.
Aggiungere il liquore.
Far raffreddare bene prima di utilizzare questo sciroppo come bagna dei biscotti.

Quanto dovrà durare la fase di inzuppo?

Sulla risposta a questa domanda non ci sono dubbi. Poco.
Ripeto. La fase di inzuppo dovrà durare poco. Ovvero lo stretto necessario per fare in modo che i savoiardi (o pavesini, o altro) inizino ad inzupparsi.
Prolungando questa fase, infatti, si otterrà solamente una "pappetta" molliccia e poco piacevole e il troppo caffè bagnerà anche la crema di mascarpone che finirà per allungarsi diventando troppo morbida e meno godereccia.
Al contrario un inzuppo veloce permetterà ai biscotti di ammorbidirsi mantenendo, però, un pò di struttura e migliorando notevolmente l'intero impatto del dolce al palato.

Perfetto!
Visto quante osservazioni si possono fare sull'utilizzo di una singola materia prima?
Ora che abbiamo sviscerato per bene l'argomento caffè è giunto il momento di passare al prossimo ingrediente ovvero il mascarpone.

CAPITOLO 3

IL MASCARPONE

Il mascarpone è un prodotto lattiero-caseario molle tipico di alcuni territori lombardi, in particolare della zona di Lodi e Abbiategrasso.

Il termine mascarpone deriva probabilmente da "mascherpa", che nel dialetto locale significa crema di latte. Tradizionalmente, nei territori d'origine, veniva preparato in occasione delle festività invernali, mentre oggi, grazie all'impiego delle moderne tecnologie, viene prodotto tutto l'anno ed è presente su tavole di diverse nazionalità.

In alcuni Paesi, come gli Stati Uniti, il mascarpone è sostituito da Cream Cheese, prodotto simile ma preparato con una diversa tecnologia alimentare.

Mascarpone home-made

Abbiamo visto come realizzare in casa i savoiardi, ma anche i pavesini e il pan di spagna. Abbiamo capito come preparare uno sciroppo al caffè che farà davvero fare la differenza ai tuoi tiramisù.
Quindi perché non prepararsi in casa anche il mascarpone?
Ti stai chiedendo perché lo dovresti fare?
Beh. Prima di tutto perché è facilissimo, buono da impazzire e molto economico. Ma lo dovresti auto-produrre soprattutto per la soddisfazione di poter realizzare un dolce da zero, completamente con le tue forze e le tue competenze. E questa sensazione, credimi, è davvero impagabile.
Ti ho convinto? Ecco come fare:

Ingredienti:
500 ml di panna fresca da montare;
5 gr di acido citrico, oppure 10 g di succo di limone filtrato.

Procedimento:
Metti la panna liquida in un pentolino sul fuoco e fai riscaldare a fiamma bassa (mescolando) fino a che non arriva alla temperatura di 82°C. In questa fase utilizza un termometro da alimenti perché è molto importante non sbagliare la temperatura e comunque non superare gli 85°C per evitare problematiche operative nella preparazione del tuo mascarpone.

Ad 82°C aggiungi il succo del limone appena spremuto (o l'acido citrico) e mescola. Dopo qualche minuto vedrai la panna assumere una consistenza cremosa.

Spegni il fuoco e lascia raffreddare per circa una ventina di minuti. Metti un colino sopra ad una boule e ricoprilo con un canovaccio (ben pulito e lavato senza ammorbidente) .

Versa sopra al colino il mascarpone, e riponi nel frigorifero per 24-48 ore. Il composto, durante questo tempo, perderà la sua parte liquida.
Non resterà altro da fare che raccogliere il mascarpone dal colino (la parte solida) e conservarlo in un contenitore a chiusura ermetica.

Si conserva per 4 giorni e va tenuto sempre in frigorifero. Potrai usarlo per la preparazione dei dolci, o di altri tuoi piatti, come abitualmente fai con il mascarpone acquistato al supermercato.

Vuoi sostituire il mascarpone nei tuoi tiramisù? Ecco alcune valide varianti

Pensare ad un tiramisù senza mascarpone, o senza caffè, sembra quasi un'eresia. E, per certi versi, lo è.
In alcuni casi, però, è necessario per i più svariati motivi dover obbligatoriamente sostituire il mascarpone con qualche valida alternativa.
Ti servirà, in tal caso, qualche idea per poter mantenere la cremosità e la goduriosa bontà data dalla crema al mascarpone.
Io ti consiglio queste tre!

Ricotta

Per un tiramisù dal gusto più delicato potrai sostituire il mascarpone con la ricotta.
Scegli una ricotta freschissima e leggera e ricorda di setacciarla bene (come quando la si prepara per realizzare la farcitura dei cannoli siciliani, per intenderci) prima di unirla alle uova.

Robiola con ricotta e panna montata

Potrai anche unire la ricotta con la robiola e un po' di panna montata evitando le uova perché la crema risulterà molto compatta e densa comunque. In questo caso puoi utilizzare un 40% di robiola, un 40% di ricotta e un 20% di panna montata per dare vita ad una crema dalla giusta consistenza.

Yogurt greco

Per una variante freschissima, invece, utilizza lo yogurt greco e amalgamalo con poca panna (animale o vegetale, montata). L'abbinamento ideale in questo caso è, sicuramente, con la frutta fresca.

CAPITOLO 4

LE UOVA

Le uova sono, da sempre, uno degli ingredienti più straordinari e malleabili della cucina.
Quando le si utilizzano nei tiramisù (o per preparazioni nelle quali si dovrà usarle a crudo), però, occorre fare molta attenzione.

Non preoccuparti.
A breve ti spiegherò come poterle pastorizzare facilmente in modo di evitare qualsiasi problematica e poter mangiare senza incertezze o paure i tuoi tiramisù.
Nel caso, però, volessi realizzarli nella maniera tradizionale e utilizzando la ricetta originale hai bisogno di conoscere alcune nozioni di buona prassi che ti permetteranno di ridurre moltissimo (quasi completamente) i rischi.

Ricordati, quindi, sempre questi punti:
- Acquista uova di buona qualità in punti vendita "sicuri e affidabili" (evita l'acquisto di uova di dubbia provenienza);
- Verifica l'integrità dei gusci prima dell'uso ed evita di usare uova con il guscio sporco;
- Per le preparazioni da consumarsi crude è preferibile scegliere uova di categoria A extrafresche (dal 3° al 9° giorno dalla deposizione, camera d'aria inferiore a 4 mm) oppure ovo-prodotti pastorizzati (uova commercializzate prive di guscio allo stato liquido, congelato o polverizzato). Quest'ultima opzione è sicuramente raccomandabile nel caso in cui tra i consumatori ci siano soggetti sensibili come

bambini, anziani, donne in gravidanza, soggetti immunodepressi;

- Conserva le uova in frigorifero (anche se esposte a temperatura ambiente sullo scaffale di vendita). Riponile nel ripiano centrale (a 4-5°C), lasciandole preferibilmente nella confezione originale (e non negli appositi spazi sagomati presenti di solito nello sportello perché li, in genere, le temperature sono superiori);
- Estraile dal frigorifero solo poco prima dell'utilizzo per evitare sbalzi termici che potrebbero causare micro-fratture del guscio, umidità e condensa e favorire il trasporto dei microrganismi superficiali all'interno;
- Non è buona prassi rompere il guscio per impatto con il contenitore in cui verrà lavorato il preparato perché potresti trasferirvi contaminanti. Allontana prontamente i gusci dopo la rottura;
- Dopo aver toccato il guscio presta attenzione ad evitare i contatti con altri alimenti o superfici per ridurre la possibilità di contaminazioni crociate;
- Lava bene le superfici e gli utensili che sono entrati a contatto con le uova prima del riutilizzo con altre preparazioni;
- E' preferibile scegliere ingredienti di qualità, meglio se biologici, e acquistare le materie prime presso canali di vendita convenzionali (es. supermercati) perché le filiere produttive sono sottoposte a programmi di autocontrollo e a rigorosi controlli ufficiali (anche se le verifiche non coprono tutte le molecole potenzialmente pericolose per la salute);
- Presta attenzione anche ai materiali e agli oggetti che vengono a contatto con gli alimenti. Meglio utilizzare contenitori, pellicole alimentari, elettrodomestici,

attrezzature e utensili di qualità certificata rispetto alla migrazione e al rilascio di sostanze pericolose. Non trascurare di leggere le etichette e rispetta le condizioni di utilizzo indicate dal produttore.

Quando si preparano ricette che prevedono l'uso delle uova crude, anche se si è sicuri della loro freschezza, è sempre meglio procedere a pastorizzarle.
La pastorizzazione, infatti, è il metodo più efficace per scongiurare il rischio di problematiche causate dai batteri presenti nella maggior parte degli alimenti crudi e serve anche a garantirne una più lunga durata.
A livello industriale la pastorizzazione del latte, della passata di pomodoro, dei succhi di frutta, del vino e della birra avviene attraverso speciali scambiatori di calore, ma quella delle uova è facilmente realizzabile anche in casa.
Vediamo, quindi, subito come fare!

4.1 PASTORIZZARE LE UOVA

Cosa significa pastorizzare?

Attraverso il processo di pastorizzazione, gli alimenti crudi subiscono un abbattimento della carica batterica, senza perdere le qualità organolettiche, né le proprietà nutritive.

Si tratta, quindi, di una sorta di risanamento termico, che prende il nome dallo scienziato francese Louis Pasteur, che per primo ne sperimentò il procedimento nella seconda metà dell'Ottocento.

Attraverso il processo di pastorizzazione, che avviene con l'azione di un calore moderato, si disattivano tutti i batteri nocivi e si scongiura il rischio di incorrere in intossicazioni alimentari o di contrarre infezioni da virus, prima fra tutti la salmonella.

Di quali strumenti avrai bisogno per pastorizzare le uova?

La pastorizzazione, come dicevamo, non è un procedimento particolarmente complesso, ma richiede attenzione e l'utilizzo di uno strumento indispensabile: un termometro da cucina.

Servirà per misurare la temperatura del liquido attraverso il quale si realizza il processo di abbattimento dei batteri.

Questa temperatura, infatti, deve rigorosamente essere di 121 °C, per rendere inattivi i batteri senza cuocere gli alimenti pastorizzati, che resteranno praticamente crudi.

Serviranno anche delle fruste (elettriche o a mano) per montare le uova, una ciotola all'interno della quale montarle e un pentolino per preparare lo sciroppo o il liquido a base di olio, che costituiscono gli elementi attivi della pastorizzazione.

4.2 COME PASTORIZZARE LE UOVA NEI DOLCI

Molte ricette dolci, come la crema al mascarpone, il salame al cioccolato, la meringa all'italiana o il classico tiramisù, includono tra i loro ingredienti le uova crude.

Alcune di queste ricette non prevedono cottura, quindi è sempre meglio pastorizzare le uova prima di utilizzarle.
Potrai sottoporre a pastorizzazione sia le uova intere, che i soli tuorli o i soli albumi.

Pastorizzare le uova intere

Per pastorizzare le uova intere, in questo caso consideriamo siano 3, occorrono 150 g di zucchero e 25 ml di acqua.
Rompi le uova all'interno di una ciotola a bordi alti, aggiungi metà dose di zucchero (75 g) e monta bene il composto di uova e zucchero, utilizzando le fruste elettriche o a mano.
Subito dopo, prendi un pentolino, ponilo sul fuoco medio di un fornello e prepara uno sciroppo, utilizzando l'altra metà della dose di zucchero e i 25 ml di acqua.
Utilizza il termometro per monitorare la temperatura dello sciroppo: quando raggiunge i 121 °C, è pronto da versare sulle uova montate.
Servendoti delle fruste, amalgama bene lo sciroppo caldo e le uova con lo zucchero e continua a montare fino a raffreddamento.
La pastorizzazione è già avvenuta e, quando il composto si sarà raffreddato, potrà essere aggiunto agli altri ingredienti della ricetta.
Ovviamente lo zucchero utilizzato per la pastorizzazione lo dovrai togliere dallo zucchero totale delle tue ricette per fare in modo che i tuoi dolci non diventino così dolci da presentarsi stucchevoli.

Pastorizzare solo i tuorli

Se vorrai pastorizzare i soli tuorli delle uova, potrai utilizzare lo stesso procedimento previsto per la pastorizzazione delle uova intere ma, in questo caso, dovrai ridurre la dose di zucchero: per 3 tuorli saranno sufficienti, infatti, 100 g di zucchero e i consueti 25 ml di acqua.

Versa i tuorli, dopo averli separati dagli albumi, all'interno di una ciotola a bordi alti.

Servendoti delle fruste elettriche o a mano, monta i tuorli con metà della dose di zucchero (in questo caso 50 g), finché risulteranno spumosi.

In un pentolino, prepara lo sciroppo per la pastorizzazione, unendo il rimanente zucchero all'acqua e ponendolo su un fornello a fuoco medio.

Mescola bene lo sciroppo e, quando avrà raggiunto la temperatura di 121 °C, toglilo dal fuoco e versalo subito, ancora caldo, sul composto di tuorli e zucchero.

Riprendi le fruste per montare lo sciroppo e i tuorli, finché il composto non assumerà una consistenza liscia e omogenea e raffredderà.

I tuorli così pastorizzati sono pronti per essere aggiunti agli altri ingredienti della ricetta, in totale sicurezza.

Anche in questo caso dovrai togliere dallo zucchero totale delle tue ricette lo zucchero che avrai utilizzato per effettuare la pastorizzazione.

Pastorizzare solo l'albume

Come saprai già, per montare gli albumi alla perfezione è necessario che le uova siano a temperatura ambiente.

Se vorrai, quindi, pastorizzare solo gli albumi togli dal frigorifero le uova in tempo perché non siano fredde.Rompile e separa gli albumi dai tuorli.

Per la pastorizzazione di 3 albumi ti serviranno 50 g di zucchero, 25 ml di acqua e un pizzico di sale (circa 3 g).

Versa gli albumi all'interno di una ciotola a bordi alti, aggiungi il sale e monta a neve con l'aiuto delle fruste elettriche o a mano.

In un pentolino versa 50 g di zucchero con 25 ml di acqua e lascia scaldare il composto a fuoco medio finché avrà raggiunto i classici 121 °C.

Spegni il fuoco, togli il pentolino dal calore e versa subito lo sciroppo di acqua e zucchero, ancora caldo, sugli albumi mescolando delicatamente con una spatola, possibilmente in silicone.

Per amalgamare perfettamente gli albumi allo sciroppo ed evitare di smontarli, eseguite movimenti regolari e decisi.

Gli albumi sono, così, pastorizzati e pronti per essere utilizzati nella preparazione delle tue ricette.

Anche in questo caso, ricorda sempre di aggiungere meno zucchero rispetto a quello indicato negli ingredienti della ricetta da realizzare, dato che per la pastorizzazione lo avrai già utilizzato in una certa quantità.

Riduci quindi la dose prevista dalla preparazione, in proporzione al peso di zucchero già aggiunto alle uova pastorizzate.

4.3 PASTORIZZARE LE UOVA CHE DOVRAI UTILIZZARE NELLE RICETTE SALATE

So che questo argomento va un pò oltre a quello del libro ma non si sa mai.

Potrebbe capitarti di volerti cimentare nella creazione di qualche tiramisù salato o comunque di dover utilizzare uova crude in qualche tua ricetta.

Per completezza di informazioni, quindi, preferisco spiegarti anche questa tecnica.

Dovendo realizzare una preparazione salata, per esempio una salsa da tavola, ovviamente non potrai utilizzare uno sciroppo a base di acqua e zucchero per la pastorizzazione, perché rischieresti di alterare il gusto del piatto.

In questo caso al posto dello zucchero potrai usare l'olio, nella quantità indicata tra gli ingredienti della ricetta, procedendo in questo modo.

Monta le uova in una ciotola con l'aggiunta di un pizzico di sale.

A seconda della ricetta da preparare, potrai utilizzare le uova intere, oppure i soli tuorli o i soli albumi, l'importante è che il composto montato risulti sempre ben spumoso.

Scalda l'olio in un pentolino fino a quando raggiungerà la temperatura di 121 °C.

Versa l'olio caldo sulle uova e continua a montare: la pastorizzazione è avvenuta, ancora una volta e le uova sono sicure e pronte da aggiungere alle tue ricette salate.

Come pastorizzare le uova a bagnomaria

Specialmente nella realizzazione di alcune salse da tavola, come la bernese o l'olandese, oppure della pasta alla carbonara la pastorizzazione può essere effettuata anche a bagnomaria: il

risultato sarà più delicato, ma altrettanto efficace e il composto di uova pastorizzate si amalgamerà alla perfezione al resto degli ingredienti, dando vita a una salsa liscia e senza grumi, oltre che sicura, perché priva di agenti batterici nocivi per l'organismo.
Pastorizzare le uova a bagnomaria è molto facile.

Versa le uova all'interno di una ciotola e montale con le fruste elettriche o a mano, finché non diventeranno spumose.
Metti la ciotola all'interno di una pentola con acqua in sobbollizione (sotto il livello di ebollizione), per scaldare il composto a bagnomaria, tra i 60 e i 65 °C per almeno 3 minuti.
Quello della pastorizzazione a bagnomaria è un procedimento (evidentemente) semplicissimo e rapido, ma esige un'attenzione speciale: la temperatura delle uova non deve mai superare quella massima prevista (65 °C) per non rischiare di arrivare al punto di cottura, vanificando tutta l'attività condotta fino a quel momento e rendendo il composto inutilizzabile.

Ottimo.
Quello che ti serve sapere sulle uova per poter alzare l'asticella dei tuoi tiramisù lo abbiamo visto in questo capitolo.
Ora è arrivato il momento di concentrarsi sullo zucchero. O meglio, sugli zuccheri.
Proprio così.
Vedremo assieme, infatti, quali varianti dello zucchero potrai decidere di usare nei tuoi tiramisù.
E credimi. Sono davvero tante!

CAPITOLO 5

GLI ZUCCHERI

Se ti stai chiedendo come poter sostituire lo zucchero nei tiramisù, questo capitolo contiene tutte le informazioni che ti serviranno per farlo.

Se vorrai sostituire lo zucchero nei dolci, infatti, non potrai semplicemente sostituire le stesse quantità indicate nella ricetta per lo zucchero raffinato.

Se vuoi sostituire lo zucchero con un sostituto in una ricetta, è necessario fare una conversione delle quantità in modo di evitare di usarne troppo, o troppo poco.

Dovrai, inoltre, prestare attenzione a non eccedere quando si utilizzano i sostituti dello zucchero nei dolci. Il rischio infatti è quello di rendere le ricette ancora più caloriche. Alcuni sostituti naturali dello zucchero hanno un sapore meno dolce del saccarosio. Per questo motivo si tende ad aumentarne la quantità utilizzata, ottenendo un dolce con più calorie.

Ad esempio per sostituire al meglio 100 g di zucchero con il miele è indicato utilizzarne dai 2 ai 4 cucchiai, a seconda del tipo.

Vediamo, quindi, assieme quali alternative potrai usare e come poterlo fare al meglio.

MIELE

Si tratta di uno dei dolcificanti naturali più comuni. La sua consistenza è un liquido denso, e la densità varia a seconda della temperatura e dal tipo di miele. Viene prodotto dalle api che lo usano come alimento per nutrire l'alveare.

Spesso viene usato anche per il suo effetto antinfiammatorio per combattere il mal di gola. È però importante sapere che gli effetti benefici del miele vengono persi a temperature superiori ai 40°.

Utilizzane dai 2 ai 4 cucchiai (in base alla tipologia di miele) al posto di 100 g di comune zucchero.

ERITRITOLO

Uno zucchero che si trova, per natura, all'interno di formaggio, frutta, polpe di frutta e pistacchi. Tuttavia, può anche essere estratto da alimenti vegetali: in questo caso si presenterà sotto forma di minuscoli cristalli.

Ha un sapore leggermente meno dolciastro rispetto allo zucchero tradizionale.

In cucina può essere usato per preparare i dolci, ma non è adatto, invece, per gli impasti lievitati. Attenzione: un consumo eccessivo di eritritolo può avere effetti lassativi.

Utilizzane 130 g al posto di 100 g di comune zucchero.

ZUCCHERO DI COCCO

Lo zucchero di cocco è un sostituto naturale dello zucchero che deriva dai fiori della pianta del cocco. Per ottenerlo si estrae il nettare lo si fa bollire e, infine, cristallizzare.

Si presenta, quindi, sotto forma di piccoli cristalli, ma è possibile trovarlo in commercio anche come sciroppo.

Il suo sapore dolciastro è molto simile a quello del saccarosio. La sua somiglianza allo zucchero tradizionale dipende anche dal fatto che è composto principalmente da saccarosio. Lo zucchero di cocco può essere usato in cucina per addolcire il caffè oltre che come ingrediente nei dolci.

Utilizzane 100 g al posto di 100 g di comune zucchero.

DATTERI

Lo zucchero ricavato dai datteri sotto forma di sciroppo può essere ottenuto direttamente in casa.

Per prepararlo ti basterà mettere dei datteri in una boule piena d'acqua e lasciarli in ammollo per almeno una notte per poi schiacciarli ed estrarre lo sciroppo. In alternativa, potrai frullare i datteri freschi per ottenere un composto simile ad una purea, oppure i datteri essiccati per ottenere una specie di farina. Derivando direttamente dal dattero, il sapore di questo sostituto dello zucchero è molto simile a quello del frutto utilizzato.

I datteri sono adatti come sciroppo per rendere più dolci i cibi liquidi, oppure tritati per la preparazione di dolci.

Utilizza 80 ml di sciroppo al posto di 100 g di comune zucchero.

SCIROPPO D'ACERO

Lo sciroppo d'acero è un dolcificante naturale che può essere utilizzato come sostituto dello zucchero. Deriva dalla linfa della pianta di acero e il suo sapore varia a seconda della tipologia e dal colore. La tipologia più chiara e meno densa (tipologia AA) ha un sapore più delicato, mentre lo sciroppo più scuro e più denso (tipologia C) ha un sapore più aromatico. Tutte le tipologie sono comunque più dolci dello zucchero tradizionale.

La variante meno aromatica è adatta a piatti caldi e freddi, mentre la tipologia più dolce è adatta per preparare i dolci.

Utilizza 75 ml di sciroppo al posto di 100 g di comune zucchero.

SCIROPPO DI RISO

Lo sciroppo di riso è un sostituto dello zucchero che non contiene fruttosio ed è quindi adatto per chi ne è intollerante. Si presenta come un liquido denso, simile allo sciroppo e il suo sapore è meno dolce del saccarosio. Inoltre essendo ricavato dal riso dopo la cottura è quindi privo di glutine.

Lo sciroppo di riso viene spesso usato come alternativa al miele nella dieta vegana, o come sostituto del saccarosio per addolcire vari tipi di dolci.

Utilizza 150 ml di sciroppo al posto di 100 g di comune zucchero.

SUCCO DI PERA CONCENTRATO

Il succo di pera proviene dalla compressione delle pere e si presenta come liquido. Derivando totalmente dalle pere, è di origine vegetale. Il suo sapore invece è dolce quasi la metà dello zucchero tradizionale e presenta, ovviamente, un retrogusto uguale a quello del frutto.

Il succo di pera può essere usato per rendere più dolci i biscotti.

Utilizza 200 ml di succo concentrato al posto di 100 g di comune zucchero.

BANANE MATURE

Essendo molto ricche di zucchero naturale, le banane mature, possono essere utilizzate come sostituto dello zucchero tradizionale.

Per utilizzarle come dolcificante è sufficiente pressarle fino a renderle simili alla purea.

È importante, però, utilizzare delle banane che siano molto mature al fine di ottenere un sapore più zuccherino.

Possono essere utilizzate per preparare torte e biscotti.

Utilizza 2 banane molto mature al posto di 100 g di comune zucchero.

ZUCCHERO DI CANNA GREZZO

Lo zucchero di canna grezzo deriva dalla canna da zucchero, ma a differenza dei processi visti in precedenza non viene sottoposto a raffinazione. Si presenta sotto forma di cristalli più grandi rispetto a quelli del saccarosio e possiede anche una piccola quantità di vitamine e minerali. Il suo sapore è molto simile a quello dello zucchero tradizionale.
Utilizzane 100 g al posto di 100 g di comune zucchero.

SCIROPPO DI YACON

Lo sciroppo di yacon è un sostituto dello zucchero che deriva dalla pianta yacon, un tubero che viene coltivato in Sudamerica. Si ottiene tramite l'essiccazione del succo delle radici della pianta.
Questo zucchero può essere ottenuto anche sotto forma di "polvere" se le radici vengono essiccate e macinate. Il suo sapore risulta fruttato e leggermente caramellato.
Come dolcificante è molto adatto per preparare salse oppure gelati.
Utilizza 200 ml di sciroppo al posto di 100 g di comune zucchero.

Molto bene.
Abbiamo visto assieme ben dieci alternative al tradizionale zucchero che potrai utilizzare nei tuoi prossimi tiramisù, ma anche in tutte le altre preparazioni di cucina nelle quali avrai la necessità di usare il saccarosio.
L'unico accorgimento aggiuntivo che ti devo dare è quello di fare qualche prova le prime volte che sostituirai lo zucchero. Questo,

ovviamente, perché dovrai riuscire a bilanciare bene i liquidi delle tue ricette nel caso usassi degli sciroppi al posto del saccarosio.

Oppure ribilanciare i solidi nel caso usassi banane o datteri.

Quello che voglio dire è che questi dolcificanti ti potranno dare enormi soddisfazioni e rendere i tuoi tiramisù adatti proprio a tutti ma, come tutte le cose belle, necessitano di un pò di pazienza e di esperienza per essere utilizzati al meglio e con estrema gratificazione.

Ora che abbiamo parlato di dolcificanti alternativi, però, è giunto il momento di esplorare un altro fondamentale ingrediente dei tiramisù. Il cacao!

CAPITOLO 6

IL CACAO

Il cacao in polvere è, di sicuro, una delle note caratterizzanti (oltre che decorative) dei tiramisù. Per poterlo utilizzare al meglio è buona cosa approfondire un pò l'argomento.

Conoscere la storia, la lavorazione e le tipologie di cacao, infatti, ti darà un grande aiuto nella preparazione dei dolci, e non solo.

La pianta del cacao è originaria dell'America meridionale.

In base alle ricostruzioni storiche sembra che siano stati i Maya a scoprire e ad utilizzare per primi il cacao.

Nella civiltà azteca il cacao era considerato un bene di lusso e veniva importato perché la pianta non cresceva sul territorio del loro impero.

Il consumo del cacao era, infatti, prerogativa dei ceti alti e rappresentava uno dei cardini della cucina azteca.

I semi di cacao erano talmente preziosi che si usavano come moneta.

Proprio da questa usanza deriva il nome cacao, ovvero mandorla di denaro, che poi fu sostituito con cibo degli dei.

Le fonti del passato narrano anche le frequenti contraffazioni effettuate riempiendo i gusci con fango o sporcizia. Proprio dal termine azteco xcocoatl deriva la parola "cioccolato".

Alcune date importanti nella storia del cacao

Nel 1606 si iniziò a lavorare il cacao in Italia, e più nello specifico a Firenze e Venezia.

Nel 1678, Antonio Ari, ottenne il permesso di vendere la cioccolata sotto forma di bevanda, dai Savoia.

Alla scuola torinese di cioccolato si forma Francois- Luis Cailler che, nel 1819, fonda a Vevey la prima fabbrica di cioccolato svizzera.

Nel 1802, il genovese Bozzelli, costruisce una macchina per raffinare la pasta di cacao.

Nel 1828, Van Houten, separa il burro di cacao.

Nel 1865, il torinese Caffarel, mescola il cacao e le nocciole producendo il cioccolato gianduia.

Nel 1878, Daniel Peter, produce il cioccolato al latte mescolando latte e cacao.

Nel 1879, Berna Rodolphe Lindt, produce il cioccolato fondente.

Nel 1923, Frank Mars, inventa la barretta di cioccolato a Chicago.

I maggiori produttori di cacao al mondo sono la Costa d'Avorio, il Ghana e l'Indonesia.

Oggi, l'Africa è il maggior fornitore di cacao: qui viene coltivato il 75% della produzione mondiale. Per le piccole fattorie presenti nelle decine di migliaia di villaggi africani, la coltivazione del cacao rappresenta un'importante fonte di reddito.

Produzione e lavorazione del cacao

L'habitat perfetto per l'albero del cacao (Theobroma cacao) si trova al caldo delle foreste equatoriali. I giovani alberi di cacao crescono a temperature tropicali sotto l'ombra protettiva di altre piante ad alto fusto, come ad esempio banani o palme.

I raggi del sole cocente e i venti impetuosi sono, infatti, spietati nemici di questo albero così fragile.

A partire dal quinto o sesto anno di vita, le piante di cacao iniziano a produrre frutti e a svolgere pienamente il proprio ruolo economico all'interno delle numerose piantagioni. Tuttavia, la vita utile alla produzione dell'albero del cacao è di soli 25 anni, trascorsi i quali è necessario sostituirlo con piante più giovani.

Le fasi della lavorazione

La lavorazione del cacao consiste di due fasi principali: la fermentazione e l'essiccazione

La fermentazione

Questa è una fase importantissima.
Permette, infatti, di far sviluppare nelle fave i precursori degli aromi tipici del cacao.
Le fave di cacao estratte dalla cabossa, avvolte dalla polpa bianca, zuccherina e molto viscida detta "Placenta", vengono tradizionalmente accumulate in mucchi, coperte con foglie di banano e lasciate fermentare per cinque giorni.
Una tecnica più recente prevede, invece, che le fave siano messe in cesti coperti da foglie in modo da facilitare il drenaggio del succo che si crea durante i processi fermentativi.
Nelle piantagioni più grandi e strutturate, invece, si utilizzano impianti di fermentazione costituiti da grandi casse di legno provviste di meccanismi per permettere il drenaggio della polpa liquefatta e una corretta aerazione delle fave.

L'essiccazione

Questa fase ha la funzione di bloccare la fermentazione e di ridurre l'umidità delle fave in modo da poterle conservare senza che siano attaccate da muffe e altri microrganismi.

I semi vengono essiccati al sole, solitamente stesi su appositi supporti in legno o su teli adagiati sul terreno. La durata dell'essiccazione può variare dalle 2 alle 3 settimane dipendendo in gran parte dai fattori ambientali.

Le fave devono essere rimescolate più volte durante questa fase per assicurare una essiccazione uniforme.

Inoltre, in caso di pioggia, devono venire coperte con appositi teli o foglie di banano.

L'azione del sole e dell'aria ha l'effetto di ridurre l'acidità delle fave. Quando si assaggia un cioccolato con note particolarmente acide è probabile che questa delicata fase non sia stata eseguita nel modo ottimale. L'essiccazione è un processo molto semplice che viene seguito in maniera simile da secoli, ma ha bisogno di essere effettuato con molta cura e attenzione per ottenere un cacao esente da difetti.

Immagazzinamento e trasporto

Le fave essiccate vengono confezionate in sacchi ed immagazzinate fino al momento della spedizione che le porterà nelle aziende di produzione del cioccolato.

La lavorazione delle fave

La produzione del cioccolato si può dividere, principalmente in cinque fasi. Vediamole assieme.

Pulizia: si eliminano pietre, bucce di cocco e altri corpi estranei. Ricordiamoci, infatti, che nella maggior parte dei casi i semi arrivano direttamente dalle piantagioni.

Tostatura: si portano le fave a temperature comprese tra 120 e 180°C per un tempo che va dai quindici minuti fino ad un'ora.

La tostatura arricchisce, sviluppa ed esalta gli aromi del cacao. Se si eccede con questa operazione, però, si perdono tutti gli aromi secondari ovvero le note più nobili e delicate che arricchiscono le fave.

Decorticazione: in questa fase si separano la granella dai gusci.

Macinatura: la granella di fave tostate viene ridotta, tramite delle macine, in una pasta grossolana che prende il nome di pasta di cacao o massa di cacao. Questa è la materia prima da cui si parte per ottenere cacao in polvere e burro di cacao. Aggiungendo altri ingredienti alla massa si ricava, ovviamente, anche il cioccolato.

Spremitura: dalla pasta di cacao, facendola passare attraverso presse idrauliche, si ottengono, appunto, il burro di cacao e la polvere di cacao.

Dalle cinque fasi appena viste si ottengono, quindi, pasta di cacao, burro di cacao e polvere di cacao. I tre elementi chiave per la produzione di qualsiasi tipo di cioccolato.

Possiamo distinguere, principalmente, tre tipologie di cacao che variano per aroma, colore, e misure a seconda dell'origine. Vediamo, assieme, quali sono e che caratteristiche possiedono.

IL FORASTERO, principalmente prodotto nell'Africa equatoriale. Ha un gusto amaro, un colore scuro e un maggior tenore di grasso. Per queste caratteristiche viene classificato come varietà forte o di base. È di gran lunga la varietà più diffusa.

IL CRIOLLO è la varietà più pregiata in assoluto, ma anche la più delicata. Viene coltivato in diversi stati dell'America latina come Colombia, Perù e Venezuela. Presenta un colore più chiaro e possiede un gusto più aromatico con note dolci di miele, o frutti rossi.

I conquistadores scoprirono proprio questa varietà di cacao che infatti fu la prima a essere importata anche in Europa.

Ci sono poi le varietà ibride, tra le quali il **TRINITARIO**, che presenta le caratteristiche di ambedue le qualità, in un mix unico di gusto.

Wow. Visto quante cose si possono dire su un ingrediente come il cacao?
Ora che conosci alla perfezione tutti gli ingredienti che compongono il tiramisù è giunto il momento di parlare della, o per meglio dire delle, ricette perfette!

CAPITOLO 7

IL TIRAMISU' PERFETTO

In questo capitolo ti voglio dare due ricette perfette.

La prima è la ricetta tradizionale. Quella che si tramanda da sempre. Quella bella e magica proprio perché alcuni ingredienti non hanno un loro peso specificato. Ma vanno utilizzati un pò a sensazioni e un pò seguendo il nostro naturale bagaglio di esperienze in cucina con mamme e nonne.

La seconda, invece, è molto più innovativa. Più tecnica.
Una ricetta nella quale tutto è misurato e bilanciato alla perfezione.

Non importa quale delle due diventerà il Tuo tiramisù perfetto.
Quel che conta è che, provando a realizzarle, uno o più passaggi riescano ad emozionarti.

Solo in questo modo potrai inserire, nei tuoi futuri tiramisù, l'ingrediente magico che pochi utilizzano.
Quello della smisurata passione.
La passione capace di far emozionare e di rendere, ogni cosa, la migliore di sempre!

Ecco, quindi, le mie due ricette perfette.

7.1 LA RICETTA TRADIZIONALE

Ingredienti:
400 g di mascarpone;
4 tuorli d'uovo;
1 cucchiaio e mezzo di zucchero semolato per ogni tuorlo;
Biscotti savoiardi;
Caffè (lievemente zuccherato);
Cacao amaro in polvere.

Procedimento:
Sbatti i tuorli d'uovo con lo zucchero.
Unisci il mascarpone ottenendo una crema morbida.
Inzuppa i savoiardi con il caffè e disponili in uno strato.
Ricopri lo strato di biscotti con la crema e ripeti l'operazione alternando biscotti e crema e terminando con uno strato di crema.
Poni in frigorifero per alcune ore.
Cospargi, infine, con cacao amaro e servi freddo.

7.2 LE MODIFICHE CHE TI PERMETTERANNO DI ALZARE L'ASTICELLA DEI TUOI TIRAMISÙ, OVVERO, LA RICETTA "WOW"!

Ingredienti per la crema "wow":
100 g di panna fresca;
100 g di latte intero;
100 g di tuorlo d'uovo;
60 g di zucchero semolato;
8 g di amido riso;
8 g di amido mais
1/2 bacca di vaniglia;
1/2 scorza limone grattugiata.

Procedimento per la crema "wow":
Mescola bene lo zucchero, gli amidi e i tuorli.
Fai bollire il latte e la panna con gli aromi.
Versa sui tuorli, riporta sul fuoco fino a 84°C.
Raffredda velocemente.

Ingredienti per la crema al mascarpone:
100 g di crema "wow";
100 g di panna fresca;
100 g di mascarpone.

Procedimento per la crema al mascarpone:
Monta la panna, aggiungila sul mascarpone e monta ancora, ma non troppo.
Aggiungi la crema "wow" e mescola con la frusta fino a rendere il composto omogeneo.

Ingredienti per i savoiardi:

75 g di tuorlo d'uovo;

30 g di zucchero semolato;

½ bacca di vaniglia;

½ scorza di limone grattugiata;

120 g di albume;

25 g di zucchero semolato;

40 g di farina 00;

40 g di fecola di patate.

Procedimento per i savoiardi:

Monta in planetaria i tuorli con la prima parte dello zucchero, la vaniglia e la scorza di limone per circa 12-15 minuti a media velocità.

Contemporaneamente monta l'albume con lo zucchero rimasto.

Incorpora 1/3 di albumi nei tuorli poi 1/3 di farina mescolata con la fecola, miscela e ripeti l'operazione fino a completamento degli ingredienti.

Modella con il sac à poche con una bocchetta liscia un bastoncino di circa 10cm. Spolvera con zucchero a velo.

Cuoci a 200°C (in forno statico già caldo) o a 180°C (in forno ventilato già caldo) per circa 12 minuti.

Ingredienti per lo sciroppo al caffè:

100 g di caffè preparato con la moka;

25 g di zucchero semolato;

15 g di liquore al caffè (il tuo liquore al caffè preferito).

Procedimento per lo sciroppo al caffè:

Sciogli lo zucchero nel caffè caldo, aggiungi il liquore (l'alcol evapora, il liquore serve a rafforzare la parte aromatica).

Assemblaggio del tiramisù:
In una pirofila di vetro, stendi alcuni savoiardi, poi inzuppa con la bagna al caffè.
Stendi uno strato di crema mascarpone, poi uno spolvero di cacao.
Aggiungi un altro strato di savoiardi.
Stendi ancora uno strato di crema mascarpone.
Aggiungi una spolverata di cacao.
Fai raffreddare bene in frigorifero prima di servire.

Bene. Ora che abbiamo visto come poter emozionare i nostri commensali sia con la perfetta ricetta tradizionale sia realizzando un tiramisù più elaborato e capace di far cantare un coro di "wow" alle nostre papille gustative è giunto il momento di parlare anche dei senzamisù.
E lo farò nel prossimo capitolo. Ci leggiamo li!

CAPITOLO 8

I SENZAMISU'

Partiamo dal dire che di tiramisù ne esiste solo uno, ovvero quello che abbiamo visto nel capitolo precedente.

Per i piatti tradizionali è così.

Che si tratti di tiramisù, di carbonara, di cacio e pepe o di qualsiasi altra ricetta tradizionale, infatti, è doveroso seguire il procedimento originale e non snaturarle.

E' anche vero, però, che non tutti gli ingredienti possono essere consumati da qualsiasi persona.

Intolleranze e allergie alimentari, gusti personali, condizioni di salute precarie giocano, ad esempio, un ruolo fondamentale nella scelta di alimentazioni alternative.

Quindi, se sei un purista del tiramisù originale, sono certo che questo e i prossimi due capitoli ti faranno storcere il naso.

Era, però, doveroso da parte mia dare delle alternative a chi non può, o non vuole, consumare determinati ingredienti.

Se desse fastidio la modifica di uno o più ingredienti o il ribaltamento completo della ricetta che porta, ad esempio, alla creazione di simpatici "tiramisù" salati basta fare come faccio sempre io.

Non chiamiamolo più tiramisù ma inventiamoci dei nomi particolari.

Lo prepariamo con le mele? Melamisù, ad esempio.

In questo modo non snatureremo alcuna ricetta e avremo tra le mani dei gioiellini del gusto che sarebbe stato un peccato perdersi.

Partiamo, quindi, dai "senzamisù", ovvero i tiramisù senza qualcosa ma con tanto, tanto sapore!

8.1 IL TIRAMISÙ SENZA UOVA

Si tratta di un dolce al cucchiaio fresco e squisito! Una variante dell'originale. In questo caso realizzato con una base di savoiardi prima inzuppati nel caffè e poi assemblati in strati con una delicata crema al mascarpone senza uova e infine ricoperto di cacao amaro! Perfetto per chi non vuole utilizzare le uova crude o semplicemente non vuole pastorizzarle!

Ingredienti per la base: 200 g di savoiardi, 80 g di caffè espresso, 3 cucchiai di cacao amaro in polvere.

Ingredienti per la crema senza uova: 250 g di mascarpone freddo, 200 g di panna fresca fredda, 100 g di zucchero a velo non vanigliato.

Procedimento:
Per prima cosa prepara il caffè espresso e lascialo raffreddare completamente prima di utilizzarlo.
Monta, poi, la panna liquida fresca (fredda di frigo) con la metà dello zucchero a velo.
A parte monta, in una ciotola grande, il mascarpone con il resto dello zucchero a velo fino ad ottenere una crema morbida.
Infine aggiungi la panna e amalgama al mascarpone dal basso verso l'alto, fino ad ottenere una crema densa e corposa.
Se vorrai potrai distribuirla utilizzando una sac à poche, altrimenti procedi tranquillamente con un cucchiaio.
Inzuppa velocemente i savoiardi nel caffè da entrambe le parti e sistemali in teglia ben vicini uno all'altro.
Poi aggiungi uno strato di crema e, se vorrai, delle gocce di cioccolato o dei cereali ricoperti al cioccolato o qualcos'altro che doni un tocco di croccante e che ti piaccia.

Ripeti l'operazione assemblando savoiardi inzuppati, uno strato di crema e uno del tuo ingrediente croccante, fino a completare l'ultimo strato con crema e una spolverata di cacao. Riponi in frigorifero per almeno mezz'ora prima di servire!

8.2 IL TIRAMISÙ SENZA MASCARPONE

In questa ricetta ti propongo un tiramisù nel quale il mascarpone viene sostituito con la ricotta fresca. Il Tiramisù senza mascarpone si discosta dal classico dolce al cucchiaio che tutti amano ma la parte cremosa risulta altrettanto soffice e gustosa e il risultato è davvero notevole.
Vediamo insieme come prepararlo.

Ingredienti per la crema: 250 g di ricotta, 250 g di panna fresca, 40 g di zucchero semolato.

Altri ingredienti: 200 g di savoiardi, 150 ml di caffè, 1 cucchiaio di rum.

Procedimento:
Per prima cosa dovrai mettere la panna, fredda di frigorifero, in una boule e montarla fino a quando risulterà ben ferma aggiungendo verso la fine della fase di montatura lo zucchero.
Lavora, poi, la ricotta con un cucchiaio e, successivamente, aggiungi poco alla volta la panna montata per non farla smontare.
In questa fase è utile amalgamare delicatamente con movimenti dal basso verso l'alto.
Aggiungi il rum al caffè. Mescola bene e inzuppa i savoiardi nella bagna.
Disponi sul fondo di una pirofila i savoiardi inzuppati.
Ricopri con la crema a base di ricotta. Alterna strati di crema e di biscotti fino a riempire completamente la pirofila.
Metti il dolce in frigorifero e, prima di servire, spolvera con del cacao amaro in polvere.

8.3 IL TIRAMISÙ SENZA GLUTINE

Realizzare un tiramisù senza glutine è davvero facile.
Occorrerà, per prima cosa, avere la certezza che tutti i prodotti siano privi di glutine.
Nonostante mascarpone, cacao e altri prodotti siano naturalmente privi di glutine non significa, infatti, che non abbiano potuto avere qualche sorta di contaminazione.
Una volta controllati i vari ingredienti procediamo con la creazione dei savoiardi senza glutine fatti in casa.
Ovviamente, per aumentare ancora il livello di sicurezza, potrai prepararti in casa anche il mascarpone come ti ho spiegato qualche capitolo fa.
Ma vediamo subito come realizzare dei savoiardi, senza glutine, perfetti.

Ingredienti per i savoiardi senza glutine: 2 uova, 50 g di zucchero, 50 g di maizena (amido di mais), zucchero a velo, un pizzico di sale.

Procedimento:
Per prima cosa separa glia albumi dai tuorli. Poi monta gli albumi a neve ferma aggiungendo lo zucchero poco alla volta.
Il composto è pronto quando gli albumi rimangono ben aderenti alle fruste e l'aspetto sarà lucido.
Ora aggiungi i tuorli e lavora rapidamente fino a quando non saranno incorporati completamente al composto (facendo attenzione a non lavorarlo troppo).
A questo punto setaccia la maizena sul composto e mescola aiutandoti con una spatola. Mi raccomando di mescolare con delicatezza per non far smontare il tutto.

Metti il composto in un sac à poche e forma i savoiardi su una teglia rivestita da carta da forno.

Inforna per 11 minuti a 185-190°C (in forno ventilato precedentemente scaldato).

8.4 IL TIRAMISÙ SENZA LATTOSIO

Ovviamente per ottenere una versione senza lattosio golosa e godereccia ti basterà utilizzare le ricette spiegate in questo libro e sostituire mascarpone, ricotta, altri formaggi e panna con i loro sostituti senza lattosio!

Benissimo.
Ora che abbiamo visto assieme come prepara i "senzamisù" concentriamoci per un momento su alcune alternative dolci al tradizionale tiramisù.
Attenzione, però. Alcune di queste sono così buone da creare dipendenza!

CAPITOLO 9

LE ALTERNATIVE DOLCI AL CLASSICO TIRAMISU'

9.1 MODERNAMISÙ (TIRAMISÙ MODERNO AL BICCHIERE)

Ingredienti per la gelatina al caffè:
250 g di caffè espresso;
40 g di zucchero semolato;
1,8 g di agar agar (gelatina vegetale).

Procedimento per la gelatina al caffè:
Unisci tutti gli ingredienti in un pentolino e falli bollire.
Lascia raffreddare e poi frulla.

Ingredienti per il gelato alla nocciola:
1 l di latte fresco intero;
300 g di panna fresca;
300 g di zucchero;
50 g di glucosio;
180 g di tuorli;
120 g di pasta di nocciola.

Procedimento per il gelato alla nocciola:
Fai bollire il latte.
Lavora tutti gli altri ingredienti e aggiungi, infine, il latte.
Mescola e porta a 82 °C.

Filtra subito.
Metti a raffreddare e poi manteca in gelatiera.

Per la spuma al tiramisù:
80 g di tuorli;
160 g di zucchero semolato;
50 g di liquore all'amaretto;
500 g di mascarpone;
250 g di panna fresca.

Per la decorazione:
Cacao amaro in polvere.

Procedimento per la spuma al tiramisù:
Prepara lo zabaione con lo zucchero, i tuorli e il liquore all'amaretto cuocendolo a bagnomaria fino a quando raggiungerà la classica consistenza cremosa poi unisci il mascarpone e la panna. Trasferisci il composto ottenuto nel sifone ed aggiungi due cariche.

Composizione del Modernamisù: in un bicchiere di cristallo metti sul fondo la gelatina al caffè, poi una pallina di gelato alla nocciola e sifona la spuma di tiramisù. Decorare con del cacao prima di servire.

9.2 CILIEGIAMISÙ (TIRAMISÙ CON CILIEGIE E MARZAPANE)

Ingredienti per la salsa di ciliegie:
350 g di ciliegie sciroppate;
1 cucchiaio di amido di mais.

Procedimento per la salsa di ciliegie:
Prendi il barattolo di ciliegie sciroppate, e versa il succo in un pentolino, aiutandoti con un colino per poter raccogliere le ciliegie. In un cucchiaio del liquido sciogli l'amido di mais.
Porta ad ebollizione il liquido nel pentolino, aggiungi l'amido sciolto, mescola bene fino a che non si sarà rappreso, e poi aggiungi le ciliegie.

Ingredienti per la crema al mascarpone:
500 g di mascarpone;
30 ml liquore all'amaretto;
80 g di zucchero semolato;
1 cucchiaino di aroma naturale alla vaniglia.

Procedimento per la crema al mascarpone:
Mescola con cura il mascarpone con il liquore all'amaretto, lo zucchero e la vaniglia.
Mantieni in frigorifero fino al momento dell'utilizzo.

Ingredienti per il composto di caffè:
150 ml di caffè;
1/2 cucchiaino di spezie per panpepato.

Procedimento per il composto di caffè:
Dopo aver preparato il caffè utilizzando la moka, versalo in una tazza e unisci le spezie per panpepato.
Mscola fino a che il tutto non si sarà amalgamato alla perfezione.
Lascia raffreddare.

Ingredienti per lo strato di biscotti:
12-14 savoiardi.

Ingredienti per i bon-bon al marzapane:
150 g di zucchero a velo;
200 g di mandorle tritate;
2 cucchiai di liquore all'amaretto;
1 cucchiai di cacao amaro in polvere;
1 cucchiaio di cannella in polvere.

Procedimento per i bon-bon al marzapane:
In una boule, mescola lo zucchero a velo, le mandorle, e il liquore all'amaretto.
Impasta bene e poi dai una forma di pallina facendo roteare dei pezzettini di composto tra i palmi delle mani. Una volta realizzate sufficienti palline, cospargile con un mix di cacao amaro in polvere e cannella, che avrai precedentemente preparato in una ciotola.

Per la decorazione:
Cacao amaro in polvere.

Composizione del Ciliegiamisù:
Disponi in una teglia la metà dei savoiardi.
Bagna i savoiardi con il composto di caffè, per ammorbidirli.
Copri con crema al mascarpone, e salsa di ciliegie.
Fai un altro strato, ripetendo il procedimento appena illustrato.

Metti in frigorifero a raffreddare per almeno sei ore.

Una volta raffreddato bene decora il ciliegiamisù con i bon-bon di marzapane, e completa spolverando il tutto con del cacao amaro in polvere.

9.3 BANANAMISÙ (TIRAMISÙ ALLA BANANA)

Ingredienti per il banana bread:
4 banane mature;
150 g di burro ammorbidito;
200 g di zucchero semolato;
2 uova;
200 g di farina 00;
1/2 cucchiaino di sale;
1 cucchiaino di bicarbonato;
100 g di noci tritate grossolanamente;
1 cucchiaino di aroma naturale alla vaniglia.

Procedimento per il banana bread:
Prendi le banane e schiacciale con cura in una boule.
In un altro contenitore mescola il burro, lo zucchero e le uova, quindi aggiungi anche le banane tritate.
Setaccia la farina, il bicarbonato di sodio e il sale, aggiungendoli al resto degli ingredienti (e tenendo da parte le noci). Ora mescola tutti gli ingredienti fino ad ottenere un composto uniforme.
Infine, aggiungi le noci al composto.
Versa l'impasto in una teglia da pane foderata con carta da forno.
Inforna per circa un'ora a 180 °C in forno statico fino a solidificazione e doratura della parte superiore.
Quando il banana bread sarà pronto, lascialo raffreddare.
Taglialo, poi, a fette di circa 1/2 cm di spessore e sistemale sul fondo di una pirofila per sformati.

Ingredienti per la bagna e la crema del bananamisù:
500 ml di panna fresca;
100 g di zucchero semolato;
2 banane fresche a fette;

2 cucchiaini di caffè liofilizzato;
1 cucchiaino di rum;
1/2 bicchierino di acqua.

Procedimento per la crema del bananamisù:
Sciogli il caffè liofilizzato in acqua fredda e aggiungi il rum.
Distribuisci la metà di questo liquido sulle fette di banana bread
nella pirofila.

A questo punto, mescola la panna con lo zucchero e montali fino
ad ottenere un composto denso.
Spalma un terzo del composto cremoso ottenuto sullo strato di
banana bread fino a coprirlo completamente.

Distribuisci le fette di banana appena tagliate sullo strato di panna
montata e fai un altro strato di banana bread.
Bagna anche questo strato con il caffè e il rum e, infine, aggiungi
un altro strato di panna spalmato con cura.

Ingredienti per la decorazione:
Cacao amaro in polvere

Procedimento per la decorazione:
Cospargi uno strato di cacao amaro in polvere con l'aiuto di un
setaccio fino a coprire l'ultimo strato cremoso.

9.4 FRAGOLAMISÙ (TIRAMISÙ ALLE FRAGOLE)

Ingredienti per la crema al mascarpone:
330 g di mascarpone;
200 ml di panna fresca;
1 cucchiaino di estratto naturale di vaniglia;
4 tuorli;
110 g di zucchero.

Procedimento per la crema al mascarpone:
Inizia unendo il mascarpone alla panna semi-montata. Aggiungi, quindi, qualche goccia di estratto alla vaniglia e mescola bene fino ad ottenere una crema omogenea. Riscalda i 4 tuorli d'uovo a bagnomaria e aggiungi lo zucchero. Mescola bene gli ingredienti con una frusta. Togli, quindi, dal fuoco e unisci alla crema ottenuta dall'unione di mascarpone e panna.

Ingredienti per la bagna all'arancia:
120 ml di acqua;
150 g di zucchero;
40 ml di liquore all'arancia.

In un pentolino scalda i 120 ml di acqua, aggiungi lo zucchero e aspetta che si sciolga. Inserisci, quindi, il liquore all'arancia e togli dal fuoco. Lascia raffreddare.

Ingredienti per la base:
150 g di savoiardi;
200 g di fragole fresche tagliate in fette;
120 g di fragole fresche intere;
Menta fresca.

Composizione del dolce:

Bagna i savoiardi, uno alla volta, nel liquore all'arancia ottenuto in precedenza e disponili in una pirofila. Dovresti riuscire a posizionarne almeno 8 come base. Passa, quindi, a distribuire il primo strato di crema al mascarpone, livellando con una spatola. Aggiungi le fragole a fette e riparti con il secondo "giro" di savoiardi. Con la crema che hai a disposizione riuscirai a creare almeno due strati.

Per guarnire il dolce è necessario servirsi delle fragole intere che intaglierai. Per creare delle belle "roselline" eseguii un primo taglio sui 4 lati, senza che la lama del coltello arrivi fino in fondo. Intaglia, quindi, gli angoli così creati, andandoti poi ad occupare del centro del bocciolo, creando un motivo circolare. Distribuisci la frutta sulla torta.

Infine, per ciascuna di queste rose, inserisci due foglie di menta ai lati che fungeranno da foglie della rosellina.

9.5 ARANCIAMISÙ (TIRAMISÙ ALL'ARANCIA)

Ingredienti per le arance caramellate:
50 g di zucchero;
4 arance biologiche;
1 stecco di cannella.

Procedimento per le arance caramellate:
Grattugia la buccia di una delle quattro arance. Pela a vivo tre delle quattro arance. Il quarto frutto, invece, lo spremerai per ricavarne il succo. Caramella 50 g di zucchero in una pentola. Una volta che avrà preso colore, aggiungi gli spicchi d'arancia e il succo. Unisci la cannella e cuoci fino a quando il composto non avrà raggiunto una consistenza sciropposa. Spennella i biscotti nella teglia con questo composto.

Ingredienti per la crema:
150 g di zucchero;
300 g di panna;
200 g di mascarpone;
1 cucchiaino di estratto naturale di vaniglia;
200 g di yogurt.

Procedimento per la crema:
Monta la panna per farle prendere consistenza. A parte unisci il mascarpone ai 150 g di zucchero e amalgama bene il tutto. Aggiungi lo yogurt, l'estratto di vaniglia, la buccia d'arancia e la panna montata e mescola con cura.
Trasferisci la crema ottenuta in una sacca per pasticcere e versane circa la metà sopra lo strato di biscotti. Realizza un altro strato di biscotti, e versaci sopra le arance caramellate (non dimenticate di

rimuovere lo stecco di cannella prima!). Copri nuovamente con biscotti e di nuovo con la crema di panna e mascarpone.

Ingredienti per la base:
400 g di savoiardi.

Composizione del dolce:
Utilizzare una teglia rettangolare (ad esempio per plum cake, per intenderci), che dovrete foderare con della pellicola trasparente. A questo punto, passare ai biscotti: disporli lungo tutta la superficie, sia la base orizzontale che le pareti della teglia. Se necessario, tagliate i biscotti in modo che aderiscano perfettamente alle misure della teglia. Lasciare senza biscotti i due lati corti esterni della teglia.

Dopo aver distribuito per bene la crema al mascarpone, chiudi con un ultimo strato di biscotti. Avvolgi il tutto con la pellicola trasparente e lascia in frigorifero per una notte prima di servire.

9.6 MATCHAMISÙ (TIRAMISÙ AL TÈ MATCHA)

Ingredienti per la bagna al tè matcha:
150 ml di acqua;
10 g di tè matcha;
10 g di zucchero.

Procedimento per la bagna al tè matcha:
Fai bollire l'acqua con la dose di tè prevista e lo zucchero, cuocendo per alcuni minuti, quindi togli dal fuoco a fai raffreddare.

Ingredienti per la crema:
250 g mascarpone
30 g zucchero
2 uova

Procedimento per la crema:
Separa gli albumi e i tuorli e lavora, questi ultimi, con lo zucchero utilizzando una frusta elettrica (o a mano), Successivamente unisci anche il mascarpone e amalgama gli ingredienti fino ad ottenere una crema omogenea.
Monta gli albumi a neve e uniscili alla crema di tuorli, zucchero e mascarpone.

Ingredienti per la base:
200 g di savoiardi

Composizione del dolce:
Bagna i savoiardi con la bagna al tè matcha preparata in precedenza. Versa un po' di crema sul fondo della pirofila e sistema un primo strato di biscotti.
Continua, alternando strati di crema e biscotti, fino ad esaurimento.

Spolvera con la parte restante di tè matcha
Mantieni in frigorifero per un paio d'ore prima di servire.

9.7 PISTACCHIAMISÙ (TIRAMISÙ AL PISTACCHIO)

Ingredienti per la crema:
per 6 persone;
500 gr di mascarpone;
4 uova grandi;
150 g di pistacchi non salati;
70 gr di zucchero.

Procedimento per la crema:
Unisci i tuorli, mentre sono a bagnomaria, allo zucchero e gira accuratamente fino a ottenere un composto omogeneo.
Quindi, aggiungi il mascarpone e mescola nuovamente. Ora aggiungi i 150 g di pistacchi triturati con il mixer (devono essere ridotti praticamente a polvere).
A parte, monta gli albumi a neve mettendo un pizzico di sale.
Quindi uniscili al composto che diventerà la crema del dolce.

Ingredienti per la bagna:
2 tazze di caffè d'orzo
1 cucchiaio di aroma naturale di vaniglia.

Procedimento per la bagna:
Prendi il caffè d'orzo, amaro, e versaci dentro un po' d'acqua per diluirlo e l'aroma di vaniglia.

Ingredienti per la base:
Biscotti savoiardi.

Ingredienti per la decorazione:
50 g di pistacchi;
Q.b. di cacao amaro in polvere.

Composizione del dolce:

Immergi i savoiardi nel liquido e disponili in una coppa da gelato o, in alternativa, sul fondo di una pirofila. Aggiungi uno strato di crema e qualche pistacchio tritato grossolanamente.

Ripeti l'operazione fino al colmare la coppa o la pirofila.

Ora basterà decorare con una spolverata di pistacchio tritato grossolanamente e un po' di cacao amaro in polvere. Riponi in frigo e, prima di servire, guarnisci con i rimanenti pistacchi.

9.8 MELAMISÙ (TIRAMISÙ ALLE MELE)

Ingredienti per la salsa alle mele:

3 mele;
1 noce di burro;
3 cucchiai di zucchero semolato;
1/2 cucchiaino di cannella in polvere;
1 cucchiaino di succo di limone.

Procedimento per la salsa alle mele:
Sbuccia le mele e tagliane la polpa a cubetti.
Versa una noce di burro in una padella e aggiungi anche i cubetti di mela.
Insaporisci con lo zucchero, il succo di limone e la cannella. Mescola e fai cuocere per circa 10-15 minuti, mescolando ogni tanto, fino a rendere le mele morbide e il fondo di cottura caramellato. Quando la salsa è pronta, togli dal fuoco e fai raffreddare.

Ingredienti per la crema al mascarpone:
250 g di mascarpone;
2 uova;
50 g di zucchero semolato;
1 cucchiaio di aroma naturale di vaniglia.

Procedimento per la crema al mascarpone:
Dividi gli albumi dai tuorli, mettendoli in due contenitori separati. Agli albumi unisci metà zucchero (25 g) e montali con le fruste, fino a renderli soffici e spumosi. Al termine, mettili da parte. Ai tuorli, aggiungi il resto dello zucchero (25 g) e la vaniglia.

84

Lavorali con le fruste elettriche, fino a farli raddoppiare di volume e farli diventare chiari.

Al termine unisci il mascarpone e mescola velocemente, fino a farlo amalgamare. Incorpora gli albumi a neve, con una spatola.

Ingredienti per la bagna:
Q.b. di latte o succo di mela a tua scelta.

Ingredienti per la base:
Q.b.savoiardi

Composizione del dolce:
Bagna i savoiardi nel latte o nel succo di mela, e con questi fai uno strato in una pirofila rettangolare.

Coprili con uno strato di crema e metà delle mele caramellate.

Ripeti il procedimento, rimettendo i savoiardi imbevuti, la crema e le mele.

Conserva il dolce in frigorifero, per almeno due o tre ore, prima di servirlo.

9.9 BIRRAMISÙ (TIRAMISÙ ALLA BIRRA)

Prima di iniziare a preparare la ricetta, è importante adottare qualche piccolo accorgimento per avere il miglior risultato: assicurati di tirar fuori dal frigo il mascarpone circa 30 minuti prima della preparazione e che le uova siano a temperatura ambiente.

Ingredienti per la crema:
2 tuorli d'uovo;
2 cucchiai di birra chiara;
1 cucchiaio di rum;
250 g di mascarpone;
150 g di zucchero.

Procedimento per la crema:
Per realizzare il tiramisù alla birra dovrai prima di tutto prendere una ciotola e metterci i tuorli. Aggiungi, poi, lo zucchero. Lavora i due ingredienti fino ad ottenere un composto bello soffice. Unisci, quindi, il mascarpone e mescola per bene fino ad ottenere una crema omogenea. Incorpora poco a poco la birra e il rum e mescola di nuovo il tutto. Lascia risposare la crema.

Ingredienti per la bagna:
100 ml di birra chiara;
1 cucchiaio di zucchero;
100 ml di caffè.

Procedimento per la bagna:
Prendi un pentolino e mettici la birra e lo zucchero. Accendi il fuoco e scalda leggermente il composto. Quando lo zucchero risulterà sciolto, unisci il caffè. Mescola per bene la bagna e versala

in un piatto fondo. Inzuppaci velocemente i savoiardi e inizia a comporre il tiramisù alla birra.

Ingredienti per la base:
Biscotti savoiardi.

Ingredienti per la decorazione:
Q.b. di cacao amaro in polvere.

Composizione del dolce:
Prendi una pirofila rettangolare e alterna uno strato di biscotti a uno di strato di crema. Procedi così fino ad esaurimento degli ingredienti.
Concludi il birramisù mettendolo in frigorifero a riposare per 1 ora circa. Trascorso il tempo indicato, prelevalo dal frigorifero, cospargilo di cacao amaro e servilo.

Che ne dici di queste nove varianti?
Una più golosa dell'altra non trovi?
Ma non finisce qui.
Ora, infatti, ti voglio parlare di altre alternative al classico tiramisù.
O, per meglio dire, parleremo di tiramisù salati!

CAPITOLO 10

I TIRAMISU' SALATI

Nelle prossime righe ti voglio dare le ricette di cinque "tiramisù" salati davvero particolari.

Li potrai utilizzare come antipasto. Come secondo piatto. Ma, soprattutto, come deliziosi fingerfood per aperitivi, ricorrenze o altro.

Se ami i sapori nuovi devi assolutamente provare questi speciali "tiramisù". Se, invece, la parola salato abbinata alla parola tiramisù ti fanno storcere il naso allora ti chiedo di fare uno sforzo.

Scegli la variante che, tra queste cinque, ti stuzzica di più. Prova a realizzarla e assaggiala.

Sono sicuro che cambierai idea.

Per me, molti anni fa, è successo così. Ne assaggiai uno e.. fu amore al primo morso!

10.1 ITALIAMISÙ (IL TIRAMISÙ SALATO BIANCO, ROSSO E VERDE)

Ingredienti per i savoiardi salati (circa 40 pezzi):
140 g di albumi a temperatura ambiente;
90 g di tuorli a temperatura ambiente;
85 g di farina 00 setacciata;
5 g di sale;
5 g di zucchero semolato.

Procedimento per i savoiardi salati:

Prepara i savoiardi salati montando a neve durissima gli albumi con lo zucchero e il sale (circa 8-10 minuti con le fruste).

In un piatto sbatti i tuorli con una forchetta, poi uniscili agli albumi, delicatamente con una spatola in modo tale da non smontarli.

Aggiungi metà della farina e incorpora delicatamente al composto, poi unisci l'altra metà e procedi allo stesso modo.

Metti il composto in un sacchetto da pasticcere con bocchetta liscia di diametro 1 cm circa e prepara due teglie coperte di carta forno.

Stendi il composto in strisce di 5-6 cm di lunghezza ciascuna.

Spolverizza leggermente con dello zucchero e metti in forno già caldo a 200° per circa 5-6 minuti.

Trascorso questo tempo, i savoiardi saranno cotti e avranno formato una leggera crosticina croccante. Estrai dal forno e fai raffreddare su una griglia.

Ingredienti per la crema al mascarpone e mozzarella:

300 g di mascarpone;
150 g di mozzarella tritata finemente;
2 pizzichi di sale.

Procedimento per la crema al mascarpone e mozzarella:

In in una ciotola metti il mascarpone con il sale e aggiungi per ultima la mozzarella tritata. Mescola molto bene e metti la crema realizzata in un sacchetto da pasticcere con bocchetta liscia.

Ingredienti per la decorazione:

8 pomodorini ciliegino;
Foglie di basilico fresco;
Olio extravergine di oliva;
Sale;
Origano;

Scaglie di Parmigiano Reggiano;
Riduzione di aceto balsamico;
Semi di papavero.

Composizione del dolce:
Taglia i pomodorini in piccoli cubetti e condiscili con olio e sale, lasciali riposare, affinché rilascino la loro acqua.
Non appena i savoiardi saranno freddi, costruisci i tiramisù. Disponi alcuni savoiardi nel contenitore che avrai scelto, con un cucchiaio bagnali con un po' di acqua dei pomodori, poi metti uno strato di crema bianca, unisci un po' di pomodori, origano e qualche foglia di basilico, ricopri con un altro strato di savoiardi che bagnerai di nuovo e procedi nuovamente con un altro strato di crema al mascarpone, pomodori, basilico e origano. Metti un terzo strato di savoiardi ancora bagnati con l'acqua di pomodoro, forma in superficie dei ciuffetti di crema e guarnisci con semi di papavero, riduzione di balsamico e scaglie di parmigiano.

10.2 SALMONAMISÙ (TIRAMISÙ SALATO AL SALMONE)

Ingredienti per il tiramisù salato al salmone:
140 g di cracker integrali;
120 g di salmone norvegese affumicato;
170 g di ricotta;
125 g di formaggio fresco spalmabile;
1 mazzetto di erba cipollina;
1 mazzetto di aneto;
1 pizzico di sale e di pepe;

Olio extravergine d'oliva.

Procedimento per il tiramisù salato al salmone:
Per prima cosa trita grossolanamente i crackers e mettili da parte.
Prendi, poi, una ciotola e versateci all'interno il formaggio fresco spalmabile e la ricotta, unitesci l'olio, il sale, il pepe e mescola bene.
Taglia le erbe aromatiche finemente e aggiungile al composto.
Mescola il tutto fino ad ottenere un composto omogeneo e mettilo in un sacchetto da pasticcere con bocchetta liscia.
Prendi ora dei vasetti o dei bicchieri, versaci uno strato di crackers.
A seguire stendi uno strato di crema al formaggio ed erbe aromatiche.
Per finire, stendete le fettine di salmone.
Continua con l'alternanza degli strati fino alla fine del vasetto, avendo cura di terminare con crema al formaggio e una guarnizione di salmone ed erbe aromatiche. Servi freddo o a temperatura ambiente.

10.3 BACCALAMISÙ (TIRAMISÙ SALATO AL BACCALÀ E PATATE, CON GUANCIALE)

Ingredienti per il baccalà:
1 kg di baccalà;
1 l di latte intero;
Q.b. di olio extravergine di oliva.

Procedimento per il baccalà:
Porta a bollore il latte, quindi immergivi il baccalà per 10 minuti, scolalo e mantecalo con olio extravergine d'oliva.

Ingredienti per la spuma di patate al rosmarino:
800 g di patate sbucciate;
300 ml di latte;
150 ml di acqua;
2 albumi;
Sale;
50 ml di olio extravergine di oliva;
Rosmarino;
2 cariche per sifone.

Procedimento per la spuma di patate al rosmarino:
Sbuccia le patate, immergile nel mix di latte e acqua e portale a cottura. Una volta cotte scolale e aggiusta di sale.
Metti l'olio in un pentolino, aggiungi il rosmarino (solo gli aghi) e lascia in infusione a fuoco bassissimo per 7/8 minuti poi scola e metti l'olio da parte.
Frulla con l'aiuto di un mixer le patate con un po' di liquido di cottura e aggiungi l'olio al rosmarino. Monta gli albumi.
Unisci la crema e gli albumi e metti il tutto in un sifone da 1 litro.
Inserisci 2 cariche di gas e mantieni la spuma a 65 gradi.

Ingredienti per la decorazione:
6 fette di guanciale non troppo spesse;
Cacao amaro in polvere.

Procedimento per il guanciale croccante:
Arrostisci il guanciale in forno oppure in una padella antiaderente
senza aggiunta di olio fino a renderlo croccante.

Composizione del piatto:
In un piatto fondo metti due cucchiai di baccalà mantecato, un filo
d'olio extravergine d'oliva, una fettina di guanciale croccante e
aggiungi la spuma di patate, il cacao, del sale in cristalli e un filo
di olio extravergine d'oliva a crudo.

10.4 VERDURAMISÙ (TIRAMISÙ SALATO ALLE VERDURE)

Prima di iniziare a preparare la ricetta, è importante adottare qualche piccolo accorgimento per avere il miglior risultato: assicurati di tirar fuori dal frigo il mascarpone circa 30 minuti prima della preparazione e che le uova siano a temperatura ambiente.

Ingredienti per il verduramisù:
250 g di mascarpone;
3 uova;
1 cipolla rossa;
1 zucchina piccola;
1 melanzana piccola;
1/2 peperone rosso;
12 pomodori ciliegino;
3 cucchiai di olio extravergine di oliva;
2 cucchiai di basilico tritato;
8 foglie intere di basilico;
Alcune fette biscottate integrali;
Q.b. di sale;
Q.b. di pepe macinato.

Procedimento per il verduramisù:
Separa gli albumi dai tuorli delle uova, trita la cipolla rossa, taglia a cubetti la zucchina, la melanzana e il mezzo peperone rosso dopo averli lavati bene.
Metti a scaldare l'olio extravergine d'oliva, quindi aggiungi uno dopo l'altra le verdure.
Inizia dalla cipolla tritata. Continua con il peperone rosso a cubetti, la melanzana a cubetti e finisci con la zucchina a cubetti.

Aggiusta di sale e pepe e lascia cuocere per circa 10 minuti. Infine, fai raffreddare.

Sbatti energicamente i tuorli delle uova fino a farli schiarire, quindi incorpora il mascarpone e il basilico tritato. Aggiusta di sale e pepe.

Composizione del piatto:

Componi il tiramisù di verdure in un bicchiere o su di un piatto collocando sul fondo qualche fetta biscottata sbriciolata, sovrapponi l'insieme di verdure cotte, quindi il composto di mascarpone e basilico.

Metti il tiramisù di verdure in frigo per alcune ore, dodici sarebbe l'ideale.

Servi il tiramisù decorando con i pomodorini ciliegino a dadolata e qualche fogliolina di basilico.

10.5 GORGONZOLAMISÙ (TIRAMISÙ SALATO CON GORGONZOLA E NOCI)

Ingredienti per il gorgonzolamisù:
100 g di gorgonzola;
250 g di mascarpone;
3 uova;
1 cucchiaino di prezzemolo tritato;
100 g di gherigli di noce;
8 fette di pane;
Q.b di rucola;
Q.b. di sale;
Q.b. di pepe macinato.

Procedimento per il gorgonzolamisù:
Separa gli albumi dai tuorli delle uova.
Fai sciogliere gorgonzola a bagnomaria.
Abbrustolisci le fette di pane e ritagliatele a seconda della forma del piatto di servizio.
Sbatti energicamente i tuorli delle uova fino a sbiancarli, quindi aggiungi il gorgonzola e il prezzemolo tritato. Incorpora il mascarpone e i gherigli di noce sbriciolati. Aggiusta di sale e di pepe. Aggiungi delicatamente gli albumi delle uova montati a neve.

Composizione del piatto:
Componi il tiramisù al gorgonzola e noci in un bicchiere o su di un piatto posizionando una fetta di pane abbrustolita sul fondo, quindi sovrapponendo il composto di mascarpone e gorgonzola, coprendo con un'altra fetta di pane e con dei ciuffetti di composto al gorgonzola.
Metti il tutto in frigorifero per alcune ore, meglio se almeno dodici.

Servi il tiramisù al gorgonzola e noci decorando con qualche foglia di rucola e delle noci tritate.

Perfetto.

Cinque varianti salate. Cinque idee che potrai utilizzare come base di partenza per svilupparne decine di altre. Cinque golosità che, una volta assaggiate, difficilmente si dimenticano.

A proposito di dimenticanze. Nel prossimo capitolo voglio fare un riassunto di quanto visto in questo libro in modo che se per sbaglio tu avessi perso qualche passaggio importante avrai modo di recuperarlo.

Il prossimo capitolo ti servirà, inoltre, proprio mentre starai preparando i tuoi prossimi tiramisù. Tenendolo sott'occhio, infatti, avrai a disposizione una scaletta rapida e immediata che ti eviterà errori e dimenticanze.

CAPITOLO 11

IL GELATO AL TIRAMISU'

Questo sarà un capitolo brevissimo ma mi sembrava doveroso, in un libro tutto dedicato ai tiramisù, presentare anche la versione "gelato" di questo dolce straordinario.

Si tratta di una ricetta semplice da poter realizzare facilmente in casa senza dover ricercare ingredienti particolari ma allo stesso tempo davvero bilanciata e golosa.

Il gelato al tiramisù contiene gli ingredienti principali del celebre dolce al cucchiaio convertiti in gelato: mascarpone, caffè e savoiardi.

Ingredienti per il gelato al tiramisù:
610 g di latte;
60 g di tuorlo;
40 g di caffè;
170 g di zucchero semolato;
100 g di mascarpone;
6 savoiardi;
2 g di farina di semi di carrube;
Cacao amaro in polvere.

Procedimento per il gelato al tiramisù:
Per preparare il gelato al tiramisù dovrai scaldare il latte fino a leggero bollore.

Nel frattempo macina grossolanamente il caffè. Togli il latte dal fuoco e uniscilo al caffè macinato, lascialo in infusione per 5 minuti e poi filtra utilizzando un colino a maglia fine.

Fai raffreddare la miscela.

Prima fuori dal frigorifero e, quando avrà raggiunto una temperatura più bassa, in frigorifero per una notte intera.

Prima di versare il composto nella gelatiera assicurati che sia il più freddo possibile. Versa, quindi, la miscela in gelatiera e manteca con il programma "gelato".

Lascia mantecare per il tempo necessario. Quando il gelato è quasi pronto, sbriciola grossolanamente i savoiardi all'interno della gelatiera e concludi la preparazione del gelato. Il gelato dovrà contenere dei pezzi di biscotto perciò non lavorarlo troppo a lungo dopo averli aggiunti o perderanno consistenza.

Servi il gelato al tiramisù spolverizzandolo con un velo di cacao amaro in polvere.

Ovviamente lo potrai arricchire o decorare a seconda del tuo gusto e di quello che ti consiglia la tua fantasia ma ti voglio dare, però, la ricetta per poter realizzare in casa i tuoi coni gelato, al gusto caffè, nei quali servire il gelato al tiramisù che preparerai!

11.1 CONI GELATO AL CAFFE'

Ingredienti per 10-12 coni:
1 uovo;
120 g di zucchero;
50 g di burro + altro per la padella;
110 ml di latte;
1 cucchiaino di caffè solubile;
30 g di amido di mais;
130 g di farina;
1 pizzico di sale.

Procedimento:
In una capiente ciotola rompI l'uovo e unisci lo zucchero.
Lavora con una frusta a mano fino a rendere spumoso il tutto.
Aggiungi il latte a temperatura ambiente e il burro fuso e raffreddato e lavora ancora.
Aggiungi un pizzico di sale, l'amido di mais e la farina gradualmente, continuando a mescolare con la frusta per evitare i grumi, fino a ottenere un composto liscio e omogeneo.
Scalda una padella dal fondo antiaderente e ungila leggermente con del burro.
Versa un mestolo di impasto e cerca di distribuirlo in maniera uniforme su tutta la superficie della padella, un po' come si fa per la preparazione delle crêpes, cercando di creare uno strato sottile.
Quando vedrai che sulla superficie si iniziano a formare delle bollicine è il momento di capovolgere il composto e farlo cuocere per un minuto ancora.
Appena tolto dalla padella, dovrai sagomare il composto attorno a un cono di metallo o, se non lo hai a disposizione, uno che avrai creato appositamente con la carta forno. Cercate di lavorare la cialda finché è tiepida, stando sempre attenti a non scottarvi.

Man mano che si raffredderà, rimarrà in forma.

Sfila la cialda e lasciala raffreddare completamente.

Riponi, quindi, in scatole di latta con la chiusura ermetica e ricorda di farcirle solo al momento del consumo.

Se vorrai ottenere la classica conformazione rigata tipica dei coni gelato ti basterà utilizzare, al posto della padella, una piastra per cialde tra quelle che si trovano in commercio.

Molto bene.

Nel prossimo capitolo voglio regalarti qualcosa che va oltre i tiramisù.

Sto parlando di tecniche che ti permetteranno di sostituire da qualsiasi tua ricetta, in maniera facile e veloce, burro, latte, uova e farina.

Le potrai usare per preparare i tuoi tiramisù perfetti senza uno o più di questi ingredienti, è vero. Ma ti saranno utilissime sempre.

Vediamo, quindi, subito assieme il sistema definitivo che utilizzo da anni in cucina quando devo sostituire gli ingredienti per creare, comunque, ricette uniche.

CAPITOLO 12

IL SISTEMA DEFINITIVO PER SOSTITUIRE SENZA FATICA BURRO, LATTE, UOVA E FARINA DA QUALSIASI RICETTA!

Vuoi la verità? Ero stanco.

Stanco di sentire colleghi sparlare di allergie ed intolleranze senza conoscerne minimamente l'argomento.

Stanco di leggere che le migliaia di amici che soffrono di allergie alimentari e da anni mi seguono sui social non riuscissero a trovare nei libri e nel web quello di cui avevano bisogno.

Stanco di non poter far nulla per dar loro una mano.

Che cosa imparerai, quindi, leggendo le prossime pagine?

Un sistema efficace che ho sviluppato negli anni per creare ricette golose e sane;

Un metodo che ti permetterà di utilizzare le tue ricette di famiglia rendendole fruibili davvero per tutti.

Alcuni procedimenti che ti eviteranno di sprecare tempo e denaro provando e riprovando a sostituire ingredienti (quanto cibo gettato e quanta frustrazione quando la ricetta non risulta buona a causa di un errato bilanciamento delle materie prime).

12.1 SOSTITUIRE IL BURRO IN QUALSIASI RICETTA? MAI STATO COSÌ FACILE!

Tu o qualcuno che conosci è allergico ai latticini e non sai da dove cominciare per evitare di usare il burro?
Ecco alcuni miei semplici trucchetti (ovviamente tutti collaudati!).

Se devi preparare un impasto dolce o salato, una torta o dei biscotti puoi sostituire tranquillamente il burro con un composto formato da un 75% di olio monoseme (di mais o di girasole) oppure un olio extravergine delicato per i dolci e più saporito per i salati, e da un 25% di latte di soia puro, o di acqua;

Se devi, invece, preparare una frolla puoi utilizzare le stesse proporzioni, ma il 25% dovrà essere per forza latte di soia puro e non acqua, per una questione di bilanciamento dell'impasto. Procederai quindi frullando con un frullatore ad immersione l'olio scelto assieme al latte di soia puro, fino a quando non otterrai una miscela omogenea, vi scioglierai lo zucchero ed alla fine aggiungerai gli altri ingredienti;

Nel caso, infine, che nella ricetta il burro sia solo presente con la funzione di grasso (ad esempio in un primo piatto o in un secondo) e non come parte fondamentale del composto lo potrai sostituire con pari peso d'olio extravergine.

12.2 SOSTITUIRE IL LATTE IN QUALSIASI RICETTA? UN GIOCO DA RAGAZZI!

La torta che ti preparava sempre la nonna contiene latte?
Uno dei tuoi piatti preferiti non si può cucinare senza yogurt o panna? Non preoccuparti, la soluzione c'è.
Ed ora te la dirò.

Se devi sostituire in una ricetta il semplice latte puoi utilizzare tranquillamente il latte di soia puro, che è quello che come densità e composizione gli assomiglia di più, oppure anche quelli di avena e di riso puri (vanno tutti allungati con acqua per evitare che donino troppo del loro sapore alle preparazioni, io utilizzo un 60% di latte vegetale ed un 40% di acqua). Puoi, però, nel caso dei dolci anche utilizzare un 50% di acqua e un 50% di latte di cocco. Oppure se vuoi donare anche un piacevole aroma alla torta puoi utilizzare un 40% di vino bianco ed un 60% di acqua;

Se devi, invece, sostituire lo yogurt puoi utilizzare tranquillamente lo stesso peso di yogurt di soia, mentre se tu volessi ottenere un qualcosa di molto simile allo yogurt greco ti basterà far scolare lo yogurt di soia per una notte in un colino con un telo (tenendolo in frigorifero ovviamente) ed otterrai uno yogurt più denso e della giusta consistenza;

Se nella tua ricetta fosse presente la panna la potrai sostituire con della panna di avena, riso o soia, oppure con due trucchetti semplicissimi. Ti basterà infatti frullare assieme un 85% di tofu morbido con un 15% di olio extravergine delicato, o ancora potrai frullare con un frullatore ad immersione un 65% di latte di soia aggiungendo a filo un 35% di olio extravergine delicato, fino ad ottenere una miscela omogenea.

12.3 SOSTITUIRE LE UOVA IN QUALSIASI RICETTA? CERTO CHE SI PUÒ FARE!

In questi anni ho avuto modo di testare e creare moltissime combinazioni utili a sostituire le uova nelle ricette, ecco alcune delle più facili ed efficaci.

Se devi realizzare dei biscotti puoi creare un gel con i semi di lino o di psillio (pianta tipica del Mediterraneo). Ti basterà tenere a bagno 2 cucchiai di semi in 2 cucchiai d'acqua per il tempo necessario a fare in modo che i semi di lino o di psillio rendano gelatinosa l'acqua (da mezz'ora ad un'ora), per poi frullare il tutto. 1 uovo è sostituito dal gel che si forma con 1 cucchiaio di semi ed 1 di acqua;

Se devi realizzare dei muffin puoi usare un mix di gel di semi (lino o psillio) e di aceto di mele e bicarbonato. Come fare? Semplice. Sostituirai un uovo della ricetta con il gel creato con un cucchiaio di semi ed uno di acqua, e l'altro uovo con un cucchiaino di aceto di mele (che andrà miscelato con gli altri ingredienti liquidi) ed un cucchiaino di bicarbonato (che andrà miscelato con gli altri ingredienti solidi), poi unirai il tutto e cuocerai il composto per il tempo indicato dalla ricetta;

Se devi realizzare crespelle o pancake puoi utilizzare 1 mela frullata (che corrisponde a circa 2 uova) o 1 banana frullata (che corrisponde a 2 uova);

Se devi realizzare sformati, pane particolare o altre ricette salate puoi sostituire ogni uovo con un cucchiaio di farina di semi di lino;

Se vuoi preparare una maionese al posto dell'uovo puoi usare un avocado frullato o due cucchiai di purea di ceci (che frullerai assieme all'olio necessario nella tua ricetta della maionese);

Se, infine, devi preparare una torta la soluzione migliore da seguire è quella che ti ho spiegato poco fa per i muffin, ovvero la combinazione del gel di semi con l'aceto di mele ed il bicarbonato.

12.4 SOSTITUIRE LA FARINA IN QUALSIASI RICETTA? ECCO COME FARE!

Qualcuno dei tuoi amici o familiari è celiaco? Non sai mai come fare per sostituire la tradizionale farina con qualcosa di adatto a loro? Ecco alcune idee.

Prima di tutto ti spiego come realizzare in casa una farina senza glutine ottima. Prepararla ti permetterà di sapere esattamente tutti gli ingredienti che la compongono e soprattutto ti farà risparmiare molti soldi (visto l'eccessivo costo dei prodotti per celiaci). Per ottenere 500 grammi di farina senza glutine non dovrai fare altro che mescolare assieme 340 grammi di farina di riso integrale, 100 grammi di fecola di patate e 60 grammi di farina di tapioca. Usane lo stesso peso della farina di grano tenero presente nelle tue ricette.

Ma che altri tipi di farina è possibile usare al posto di quella di tapioca in questa ricetta di farina senza glutine?

Farina di grano saraceno: Ha un sapore rustico, è utilizzata per la preparazione dei pizzoccheri valtellinesi e della polenta taragna. Può essere utilizzata per preparare gustose crespelle e buonissime torte;

Farina di amaranto: Altra farina dal sapore rustico, che si può utilizzare per preparare pizza o pane, anche se necessiterà di una maggior quantità di acqua o olio rispetto alla tradizionale farina perchè assorbe di più;

Farina di quinoa: Una farina che, grazie al suo aroma, è ottima per la preparazione di pane, pizza e prodotti salati;

Farina di miglio: Possiede un sapore dolce e delicato, è perfetta per la preparazione di muffin e torte leggere e soffici;

Farina di sorgo: Ha sapore dolce e di nocciola. Ottima per torte e muffin, ma anche per i prodotti salati;

Farina di mandorle: Si può utilizzare per la preparazione di torte, brownies, muffin o per gratinare;

Farina di soia: Si può utilizzare per preparare crespelle o per il pane. Un cucchiaio di farina di soia può anche sostituire un uovo negli impasti;

Farina di teff: Questa farina ha un sapore dolce e leggermente nocciolato. È perfetta per realizzare biscotti, torte e perfino la pasta fatta in casa.

CAPITOLO 13

I NOVE PASSI CHE TI CONDURRANNO VERSO I TIRAMISU' PERFETTI

1)   I biscotti? Meglio se li prepari tu!

Sia che tu decida di utilizzare i savoiardi, sia che la scelta ricada sui pavesini mi raccomando. Preparali in casa utilizzando le ricette che abbiamo visto nel primo capitolo. Non solo farai nettamente la differenza a livello gustativo e di consistenze. Avrai anche un'enorme soddisfazione nel sapere di aver davvero realizzato con le tue mani il tiramisù che, altrimenti, risulterebbe un semplice assemblaggio di ingredienti per lo più acquistati pronti.

2)   Arabica, robusta o un mix delle due varietà?

Nel capitolo dedicato al caffè abbiamo visto assieme le caratteristiche di alcune delle principali varietà di caffè.
Sono sicuro che, da oggi in poi, quando in una ricetta leggerai la parola "caffè" qualcosa scatterà dentro la tua testa. Ha senso, infatti, scrivere solamente caffè?
Quale è meglio utilizzare? Preparato in che modo?
Nel capitolo due di questo libro ho cercato di fare chiarezza e riassumere tutto quello che ti servirà per poter decidere in autonomia il corretto caffè per ogni preparazione.
Ora è tutto più chiaro, no?

3) Il mascarpone fai da te!

Quando ho fatto leggere la bozza di questo libro ad amici e parenti praticamente nessuno di loro aveva idea che il mascarpone si potesse preparare in casa.

Quando hanno letto quanto è, invece, facile realizzarlo molti di loro si sono dati da fare e ci hanno provato.

Il risultato? Sono letteralmente impazziti di gioia.

Non solo per il sapore buonissimo del mascarpone home-made ma anche, e direi soprattutto, per la consapevolezza di aver preparato con le loro mani qualcosa che solitamente erano costretti a comprare.

E la consapevolezza di riuscire in qualcosa che tanti non sanno fare riempie sempre di gioia e di orgoglio.

Ora ti chiedo, il tuo prossimo tiramisù avrà ancora del mascarpone del supermercato?

4) Hai pastorizzato le uova?

Non importa quale tiramisù deciderai di preparare. Che ricetta seguirai. Che ingredienti userai. L'importante è che tu ci metta del tuo e che la tecnica appresa in questo libro ti dia una mano per ottenere risultati sempre migliori, giorno dopo giorno.

Pastorizzare le uova è importantissimo. Lo è per un fatto di sicurezza. Lo è per una questione di equilibrio e consistenze finali. Non importa quali delle tecniche viste assieme utilizzerai per pastorizzare le uova ma la cosa che conta davvero è che tu, ora, sei perfettamente in grado di farlo.

5) Ad ogni tiramisù il suo zucchero!

Nel capitolo dedicato agli zuccheri ti ho parlato di molte alternative al tradizionale zucchero semolato.

Quello che ti chiedo è, via via, di provarle un pò tutte. Queste esperienze ti permetteranno, infatti, di capire al meglio come lavorano i vari dolcificanti all'interno dei composti e delle tue ricette.

Vedrai quanto possono cambiare sapori e consistenze in base allo zucchero che deciderai di utilizzare. E sono sicuro che, provando e riprovando, troverai l'esatta combinazione in grado di farti dire "wow, che spettacolo".

6) Il cacao è importante ma conoscerlo lo è ancora di più!

In questo caso vale lo stesso discorso fatto per il caffè. Troppo spesso, infatti, nelle ricette si legge "cacao" o "cioccolato".

Ma quale è meglio utilizzare? Perché preferirne uno rispetto ad un altro?

Nel capitolo dedicato al cacao ho cercato di chiarire, senza annoiarti troppo, le cose davvero importanti da sapere per fare la differenza utilizzando questo straordinario ingrediente. Sperimenta e divertiti anche con il cacao, quindi. E, da ora in poi, quando leggerai cacao o cioccolato in una preparazione sono sicuro che saprai con chiarezza cosa scegliere.

7) Il tiramisù perfetto!

Un tiramisù è perfetto quando ti riesce ad emozionare. L'emozione può essere legata ad un ricordo, ad esempio. O alla consapevolezza di essere usciti dalla nostra zona di confort e aver preparato qualcosa di unico e insperato fino a poco tempo fa.

O, magari, ad entrambe queste cose.

Non importa cosa lo renderà perfetto per te. Quello che conta è che tu, quel qualcosa, lo riesca a trovare e a mettere in ogni tuo tiramisù.

E' per questo motivo che il libro è diviso in questo modo. Per permetterti di trovare gli ingredienti, e le tecniche, capaci di renderti davvero felice.

8) Problemi o intolleranze? Prepara i "senzamisù"!

Quante volte ti sarà capitato di voler portare un dolce ad una festa e di non sapere proprio quale portare a causa di intolleranze o allergie di alcuni dei partecipanti?

Oppure di non poter preparare in casa il tuo tiramisù perché hai qualche familiare con problematiche alimentari?

Nel caso fossero successe anche a te una o più di queste situazioni allora sono sicuro che il capitolo otto potrà risolverti un bel pò di dubbi futuri.

C'è sempre un modo, infatti, per sostituire gli ingredienti. Basta solo sapere come farlo e provarci.

Ecco, perché, nel capitolo dei "senzamisù" ti ho parlato di come realizzare facilmente dei tiramisù senza mascarpone, senza uova, senza glutine e senza lattosio.

9) Dolci o salate esistono decine di varianti del classico tiramisù! Ha davvero senso privarsene?

Io penso di no. Credo, infatti, che le varianti siano un gesto di grande amore nei confronti della ricetta originale.

Amiamo così tanto qualcosa da pensare a come ricrearne consistenze o pensiero creativo in altre preparazioni.

Per stupire noi stessi e gli altri.

Per rendere unico ogni morso.

Nei capitoli nove e dieci avrai tantissime ricette ed idee per fare in modo che questo diventi realtà.

Usale, però, come un punto di partenza che ti porterà verso la meta della consapevolezza e della vera libertà in cucina. Quella di riuscire a creare da te le tue ricette.

CAPITOLO 14

GLOSSARIO

Arabica: La qualità di caffè Arabica è la più pregiata in assoluto. La pianta, originaria delle aree montuose dell'Etiopia, predilige le temperature tropicali dell'America Centrale e del Sud, nonché le coste orientali dell'Africa. La coltivazione non è assolutamente semplice, motivo per cui la produzione è anche piuttosto costosa. L'arbusto sempreverde, appartenente alla famiglia delle Rubiacee e al genere Coffea, richiede terreni particolari, posizionati in alta quota, ricchi di sali minerali e a volte anche di sedimenti vulcanici. Delicata e suscettibile al caldo e all'umidità, la pianta trova la sua massima espressione a 600-2000 metri di altezza, sviluppando proprietà organolettiche perfettamente riconoscibili.
I chicchi della pianta di caffè Arabica, di colore verde-azzurro, hanno la tipica forma allungata ma con un solco centrale sinuoso e poco accentuato. Vanta, infatti, 44 cromosomi (è l'unica specie a possederne così tanti!), un basso contenuto di caffeina, e un'elevata concentrazione di oli e di zuccheri che conferiscono alla bevanda un profumo inconfondibile e un gusto ricco di aroma.

Arabusta: incrocio tra le due varietà di caffè, Arabica e Robusta.

Boule: contenitore semisferico, bacinella, terrina.

Carica di gas per sifone: le cartucce utilizzate per realizzare spume contengono protossido di azoto. Come si intuisce facilmente dalla formula, il gas in questione è formato da due atomi di azoto (N) ed uno di ossigeno (O). Liberando questo gas all'interno del sifone tramite l'apposito beccuccio, vengono scissi i due elementi liberando una grande quantità di ossigeno che ci permette, premendo l'apposita levetta del sifone, di ottenere una spuma leggerissima e dal sapore delicato. Naturalmente molto dipenderà anche dalla ricetta. Le cartucce utilizzate per i seltz, invece, contengono anidride carbonica.

Cicoria: La cicoria comune (Cichorium intybus), o selvatica, viene definita come una pianta erbacea perenne appartenente alla famiglia delle Asteraceae.
È riconoscibile per la presenza di fiori color celeste ed è stata utilizzata fin dall'antichità dagli Egizi, dai Greci e dai Romani per via delle sue proprietà benefiche. Esistono diverse varietà di cicoria che si distinguono tra loro per la grandezza, il colore e la forma delle foglie. Nella maggior parte dei casi la cicoria presenta delle grandi foglie verdi, ma in alcuni casi esse possono essere variegate o rosse, come quelle della cicoria rossa di Chioggia o della cicoria rossa di Treviso.

Criollo: Il cacao Criollo è una tipologia di cacao molto pregiata, infatti su tutto il cacao presente nel mercato mondiale, solo lo 0,001% è cacao criollo. La pianta del cacao Criollo è estremamente delicata, tanto che è difficile anche coltivarla e costituisce un grande rischio per i produttori mondiali di cacao. La prima varietà di cacao che i Conquistadores incontrarono una volta arrivati in America fu proprio il cacao Criollo, il primo di conseguenza a compiere la grande traversata e arrivare in Spagna.
Per più di due secoli, quindi, tutta l'Europa poté gustare e conoscere il cacao migliore del mondo, fino alla scoperta del cacao Forastero, più resistente e più produttivo e di conseguenza meno costoso e adatto alla grande produzione. Le differenze sensoriali tra cacao Criollo e cacao Forastero erano chiare ed evidenti, nel

sapore, nell'aroma, nel gusto, ma il secondo corretto con zucchero e differenti additivi riuscì comunque a conquistare i palati degli europei. Il Criollo è una pianta di cacao molto riconoscibile, dai rami vellutati e dal colore bianco latte della fava, differente dalle altre fave di colore scuro. La pianta del cacao Criollo è molto preziosa e delicata, infatti il commercio del cacao criollo è riservato a un pubblico attento e di settore, sia per la particolarità nel gusto e nell'aroma.

Eritritolo: L'eritritolo è un prodotto estratto industrialmente dalla frutta, esattamente come il fruttosio, appartenente alle varie tipologie di dolcificanti naturali per cibi, bevande e prodotti da forno.

Forastero: La varietà del Forastero è decisamente la più diffusa e copre più del 90% del cioccolato che mangiamo. L'aroma è più acido meno intenso e meno raffinato, ma nonostante questo ne esistono alcune varietà di una superiore qualità. La pianta è molto più forte e resistente del Criollo e la sua resa è decisamente maggiore. Per questo si è sempre puntato sull'investimento della coltivazione di questa tipologia, oggi largamente diffusa in Africa, soprattutto in Ghana e in Costa d'Avorio.

Pastorizzare: La pastorizzazione (o pasteurizzazione) è un processo di risanamento termico applicato ad alcuni alimenti allo scopo di minimizzare i rischi per la salute dovuti a microrganismi patogeni sensibili al calore, quali batteri in forma vegetativa, funghi e lieviti, con un'alterazione minima delle caratteristiche chimiche, fisiche ed organolettiche dell'alimento.

Robusta: La Robusta, di cui spesso si parla ingiustamente male, è la varietà di caffè più importante dopo l'Arabica, con una quota di mercato mondiale di circa il 30%. I chicchi, che provengono dalla pianta chiamata Coffea Canephora, sono caratterizzati da alcune caratteristiche molto uniche e sottovalutate, che sono state recentemente riconosciute e ulteriormente scoperte dalle tradizionali aziende di torrefazione. È difficile generalizzare il gusto di una varietà di caffè così diversificata. Descritto in maniera ampia, tuttavia, la Robusta è caratterizzata da un corpo più pieno, con una certa nota speziata che può collocarsi tra il legno e la terra. Aromi diversi, spesso simili al Whisky, possono offrire una varietà interessante. Con un'acidità leggermente più alta e una nota più amara, la Robusta non è sempre il caffè più leggero, ma con il suo altissimo contenuto di caffeina fino al 5%, ti sveglia davvero. Anche grazie alla crema più duratura, la Robusta viene aggiunta al caffè Arabica in misura minore, soprattutto per l'espresso, e completa molte miscele di alta qualità.

Segale: La segale (Secale cereale L.), detta anche segala, è un cereale di montagna che si adatta bene come l'avena anche ad altitudini elevate e resiste ai climi freddi; cresce in terreni difficili e poveri (steppa, brughiera) e matura in fretta.
Si origina probabilmente in Asia occidentale e segue, come erba infestante tra campi di grano e orzo, le coltivazioni di frumento prendendo piede nei climi più freddi.

Sifone: Il sifone è uno strumento che si usa in cucina per realizzare spume o selz. Un tempo utilizzato solo per montare la panna o fare cocktail, ma negli ultimi anni sempre più usato in cucina in mille soluzioni.
Con il sifone si possono infatti preparare spume fredde, calde, dolci o salate, salse delicate, cocktail o si può montare la panna. La camera del sifone si può anche utilizzare per aromatizzare velocemente o rendere frizzante una preparazione.

Trinitario: rappresenta circa l'8% del raccolto mondiale del cacao. Il Trinitario è un ibrido del Criollo e del Forastero (il cacao più diffuso e commercializzato, ma solitamente non classificabile come cacao fine). Questa varietà combina alcune varietà aromatiche e sensoriali del Criollo con la forza e la resistenza del Forastero, dando vita ad una varietà di cacao unica.

RINGRAZIAMENTI E BONUS

Ora, sui tiramisù, abbiamo detto davvero tutto.
Che ne dici? E' stato un bel viaggio nei sapori e negli ingredienti?

Spero, ovviamente, che la tua risposta sia un forte si.

Ma non finisce qui. Voglio, infatti, farti un altro regalo e parlarti di un progetto che penso potrebbe davvero interessarti.

Partiamo dal regalo. Anche perché ci tengo davvero a percorrere ancora un pezzettino di strada assieme a te.
E' qualcosa che troverai solo nei miei libri di cucina.
Tengo, infatti, così tanto a te, e alla tua decisione di "formarti in cucina" leggendo questo mio libro che ho deciso di mettere me stesso a tua disposizione.
Proprio così, hai letto bene.
Se qualsiasi parte di questo manuale non ti fosse chiara, se ti venisse in mente un tiramisù particolare e me ne volessi parlare, se ti servisse qualsiasi tipo di delucidazione sul tema tratto in questo libro scrivimi tranquillamente una mail a matteobellinichef@gmail.com e ti risponderò il prima possibile e di persona.
Ovviamente ogni giorno ricevo moltissime mail dai miei studenti, quindi la sola cosa che ti chiedo è di portare un po' di pazienza se la risposta arrivasse dopo qualche giorno.
Leggo le mail personalmente una per una e rispondo di mio pugno a tutti.
Ci vuole molto tempo, lo so, ma tengo al rapporto personale con i miei lettori e con i miei studenti. Ci tengo davvero. Proprio per questo ti ho dato, come vedi, la mia mail personale e non la mail che si può trovare su tutti i canali social.

Ma non è tutto.

Voglio parlarti, infatti, del progetto "Cucina con me".
Si tratta del mio nuovissimo sito internet nel quale, con un abbonamento mensile di pochi euro, avrai a disposizione (con continui aggiornamenti e tante novità aggiunte di settimana in settimana) tutto quello che ti servirà per portare le tue conoscenze di cucina ad un livello successivo.
Ho pensato molto, infatti, in questi anni a come poter portare la cucina, e questo mio modo di spiegare le tecniche e i segreti del mondo del cibo, a quante più persone possibile.
Senza gravare sul loro bilancio mensile e senza farlo in siti che vendono corsi già preconfezionati e che non lasciano spazio alla vera cultura del cibo.
Ho capito che l'unico modo era creare un mio sito.
Studiato su misura proprio per le esigenze degli amanti della cucina.
Che potesse diventare la loro seconda "casa".
Un luogo dove crescere e continuare a migliorare costantemente. Giorno dopo giorno.
Con materiale che spieghi passo passo tutto quello che occorre sapere per fare davvero la differenza in cucina.
Nel sito troverai quindi, video corsi di cucina, tutorial step by step, dispense inedite, materiali unici, sconti esclusivi su prodotti alimentari e attrezzature da cucina testate da me e molto molto altro.
Il costo mensile di tutto questo? Meno di una pizza mangiata un sabato sera nella tua pizzeria preferita.
Non pensavi fosse possibile qualcosa di simile?
Lo è, eccome.
Lo trovi su www.cucinaconme.com

Ora ho un piccolissimo favore da chiederti.

Se ti va, e se hai ancora un minuto da dedicarmi, ti sarei enormemente grato se lasciassi una recensione su Amazon a questo mio libro.

La tua recensione mi aiuterebbe a far arrivare questo libro a quanti più appassionati possibile.

A te, insomma, questo gesto costa l'utilizzo di pochi minuti ma per me, che ho impiegato mesi a scrivere questo libro, significa davvero moltissimo. Per questo ti ringrazio fin da ora!

Ah.. quasi dimenticavo.

Se, mentre aspetti l'uscita del mio prossimo manuale di cucina, vuoi leggere qualcos'altro di mio (e non sei tra le centinaia di lettori che mi hanno già dato fiducia leggendoli) ti consiglio di dare un'occhiata ai libri "Hamburger perfetti", "Fishburger perfetti" e "Risotti perfetti".

Ovviamente li trovi, sia in versione cartacea che in formato e-book, su Amazon.

DUE PAROLE SU DI ME E DOVE TROVARMI ONLINE

Sono nato il 18/03/1982 all'ora di pranzo, e credo sia proprio per questo che ho sempre amato la cucina.

L'infanzia è trascorsa in maniera spensierata e serena, tra una partita a basket e un campeggio con gli scout.

Nel 2001 mi sono diplomato come agrotecnico. All'epoca amavo già la cucina e partecipavo a vari corsi tenuti da chef delle mie zone e questa passione per il cibo e gli ingredienti cresceva giorno dopo giorno.

Nel 2001, però, non sono successe solo cose belle. In quell'anno ho perso anche una delle persone più importanti della mia vita, mio padre.

Negli anni successivi, mi sono dato da fare sia all'università che in cucina.
Ho infatti conseguito nel 2007 il diploma di Laurea in Scienze e Tecnologie forestali ed Ambientali e il diploma di aiuto cuoco alla Cast Alimenti.

Durante il periodo dell'Università ho sempre lavorato come cuoco e ho avuto modo di imparare molto e di affinare la tecnica. Ed è proprio in questo periodo che ho iniziato a studiare anche la cucina per celiaci, diabetici, intolleranti e allergici (dopo aver visto un mio amico e collega rischiare la vita a causa di una grave allergia al cibo).

E poi..?

Nel 2008 ho deciso, grazie anche al costante supporto di mia mamma, di iscrivermi all'Alma e nel 2009 ho conseguito il diploma di Cuoco professionista di cucina italiana.

Negli anni successivi sono capitate una marea di cose.
Ho avuto l'onore e la grandissima possibilità di cucinare in 4 ristoranti stellati Michelin, di vedere le mie ricette pubblicate in decine di libri, di fare per 6 anni il personal chef e il maestro di cucina, di seguire e collaborare per 5 blog di settore.
Ma mi è capitato anche di fallire, cadere e sbagliare, tante, tantissime volte.

Negli ultimi anni ho deciso di migliorare ulteriormente la mia alimentazione, cucinando praticamente tutto in casa e limitando i cibi industriali. Ho iniziato a camminare e a fare attività fisica e ho perso oltre 40 Kg.

Da tre anni sto anche "imparando" a fare il papà grazie alle mie meravigliose principessine Chanel Lucia e Meghan Marì e alla donna della mia vita Mirella.

In tutto ciò ho sempre cercato di non farmi mai mancare i 3 ingredienti a mio parere fondamentali in qualsiasi ricetta: la giusta dose di follia e creatività, una bella manciata di passione (per il cibo e per le persone), e la fogliolina di amore per le cose buone (che non deve mai mancare).

Ma la storia prosegue (e gli ingredienti da aggiungere saranno ancora moltissimi).. che ne dici, quindi, di continuare a scriverla assieme?

Ecco, quindi, dove puoi trovarmi online per scambiare due chiacchiere, un sorriso e.. continuare a seguirmi!

Sul mio sito www.cucinaconme.com nel quale con un abbonamento mensile di pochi euro avrai accesso a video corsi di cucina sia teorici che pratici, materiale inedito, dispense, sconti e promozioni su materiale da cucina e cibi e molto molto altro.

Sul mio sito: www.chefdelbenessere.com

Su facebook: Matteo Bellini – Chef del benessere

Su Instagram, Youtube e Tiktok: Chefdelbenessere

INFORMAZIONI DI COPYRIGHT E DISCLAIMER

Printed in Great Britain
by Amazon

21877119R00071